Korsika

Alo und Nikolaus Miller

▶ Dieses Symbol im Buch verweist auf den großen Faltplan!

Bonghjornu – Willkommen

Unser heimliches Wahrzeichen	4
Erste Orientierung	6
Schlaglichter und Impressionen	8
Geschichte, Gegenwart, Zukunft	12
Übernachten	14
Essen und Trinken	16
Reiseinfos von A bis Z	18

Unterwegs auf Korsika

Korsika 15 x direkt erleben

Der Nordosten 30

Cap Corse 30
Bastia 35
Saint-Florent 40
Plaine orientale 48

direkt 1 | Von Turm zu Turm – der Zöllnerpfad von Macinaggio 32
Eine Wanderung zu Buchten, Kaps und Türmen

direkt 2 | Sonne, Meer und Reben – die Weinstraße von Patrimonio 41
Weinprobe bei den Winzern der Region

direkt 3 | Abstecher in die Wüste – Désert des Agriates 45
Umgeben von Macchia durch die Fels- und Dünenlandschaft

direkt 4 | Die Dörfer der Casinca – von Vescovato nach Castellare 49
Hohe Turmhäuser und verwinkelte Gassen

direkt 5 | Korsische Gedenkstätten – quer durch die Castagniccia 53
Im Kernland der korsischen Freiheitskämpfer

Der Nordwesten 56

L'Ile-Rousse 56
Speloncato 57   Calvi 57
Golf von Porto 65
Evisa 68   Golf von Sagone 69

direkt 6 | Straße der Handwerker – Entdeckertour in der Balagne 58
Kunst und Kunsthandwerk in den Dörfern der Balagne

| direkt 7 | **Fantastische Verwitterung – die Calanche** | 66 |

Rot leuchten die Felsen am Abend hoch über dem Golf von Porto

| direkt 8 | **Auf alten Genueserbrücken – in die Gorges de Spelunca** | 70 |

Welches Geheimnis birgt der alte Weg durch die Schlucht?

Das Dach der Insel 72

Ponte-Leccia 72   Asco-Tal 72
Oberes Golo-Tal 73   Corte 78
Tavignano-Tal 83   Restonica-Tal 83
Venaco und Vivario 84

| direkt 9 | **Auf den Spuren der Urkorsen – im Niolu** | 74 |

Zeugnisse der Megalithkultur im korsischen Hochgebirge

| direkt 10 | **Symbol des Widerstands – die Zitadelle von Corte** | 80 |

Hart umkämpfte Bastion auf hohem Stadtfelsen

| direkt 11 | **Die korsische Eisenbahn – Exkursion nach Vizzavona** | 85 |

Bequemer kann man nicht zum Panoramablick kommen

Der Süden 88

Ajaccio 88
Propriano 95
Sartène 96   Alta Rocca 101
Bonifacio 101   Porto-Vecchio 104

| direkt 12 | **Der Allgegenwärtige – Napoleonkult in Ajaccio** | 89 |

Straßen, Plätze, Cafés, Souvenirs – alles erinnert an Napoleon

| direkt 13 | **Ausflug in die Vorzeit – Filitosa und Cauria** | 97 |

Menhire und Dolmen an prähistorischen Stätten

| direkt 14 | **Auf Klippen zum Kap – die Meerenge von Bonifacio** | 105 |

Entlang der Steilküste zur Südspitze Korsikas

| direkt 15 | **Die Dolomiten Korsikas – wandern im Bavella-Massiv** | 109 |

Faszinierend schön ist das Farbenspiel der Bavella-Felsnadeln

Sprachführer	112
Kulinarisches Lexikon	114
Register	116
Autoren, Abbildungsnachweis, Impressum	120

Bonghjornu – Willkommen
Unser heimliches Wahrzeichen

Es ist Abend und die Bar Moderne hat schon geschlossen. Aber die alten Männer sitzen noch an den Tischen und schauen hinüber auf die Baustelle. Ein Haus, das lange leer stand, wird renoviert. Man weiß, dass zur nächsten Saison dort eine Brasserie aufmacht, La Voûte – Das Gewölbe – soll sie heißen, etwas Hypermodernes für junge Leute und Touristen. Gut fürs Dorf, finden die Alten und werden auch dann noch vor ihrer Bar sitzen, wo mittags der Pastis kommt und abends das Trottoir ganz ihnen gehört.

Erste Orientierung

»Gebirge im Meer«

So hat der deutsche Geograf Friedrich Ratzel (1844–1904) Korsika charakterisiert. Mit einer mittleren Höhe von 568 m und zahlreichen Zweitausendern ist Korsika die gebirgigste Insel des Mittelmeers. Die höchsten Gipfel, Monte Cinto (2706 m), Monte Rotondo (2622 m) und Monte d'Oro (2389 m) liegen auf einer Gratlinie, die – von Nord-West nach Süd-Ost verlaufend – die Hauptwasserscheide bildet. Von diesem Rückgrat zweigen westlich und östlich zahlreiche Seitenkämme ab, die Täler voneinander trennen. Stürzen die Bergketten im Westen in eine zerklüftete Küste, eine Abfolge von Buchten und Kaps, ab, so laufen sie nach Osten, zwischen Ponte-Leccia und Corte, in einer Senke aus, hinter der sich das Mittelgebirge der Castagniccia erhebt. Es setzt sich mit seinen geringeren Höhen ins Cap Corse hinein fort (Monte San Petrone 1767 m, Monte Stello 1307 m) und fällt in Terrassen zur östlichen Tiefebene ab, die mit ihren versandenden Flussmündungen und Lagunen (*étangs*) eine bis zu 12 km breite Schwemmlandküste bildet.

Strände und Standortwahl

Die Touristen erreichen die Insel über die Fähr- bzw. Flughäfen von Bastia, Calvi und Ajaccio, eher selten über den Flughafen von Figari ganz im Süden. Sie nehmen dann die Küstenstraßen zu den mehr oder weniger nahen Stränden. Die schönsten und ausgedehntesten Strände liegen entlang der **Plaine orientale** (▶ F–G 6/7), zwischen **L'Ile-Rousse** (▶ D 3) und **Calvi** (▶ C 4), südlich von **Propriano** (▶ D 10) und rund um **Porto-Vecchio** (▶ F 10). Kleinere, aber sehr schöne Strandabschnitte findet man auch bei **Saint-Florent** (▶ F 3) und im **Golf von Sagone** (▶ B–C 7).

Da Korsika rundum attraktive Strände bietet, richtet sich die Wahl des Standorts eher nach dem Umland. Ist eine Stadt in der Nähe mit historischem Flair und kulturellem Angebot? Ajaccio, Bastia, dann Corte, Calvi, in geringerem Umfang auch Porto-Vecchio erfüllen das Kriterium. Und wie weit ist es in die Berge? Wer den Schwerpunkt seines Urlaubs aufs Wandern legen will, wird sich nicht auf Tagesausflüge beschränken und lange Anfahrten vermeiden wollen. Von der Nordwestküste kommt man schneller ins zentrale Hochgebirge als von der Nordostküste, der Süden ist am weitesten entfernt, bietet aber mit dem **Bavella-Massiv** (▶ E 9) und der **Alta Rocca** (▶ E 9) eigene Wandergebiete von großem Reiz.

Vier Regionen

Das Buch ist in vier Regionen gegliedert, die sich in ihrer Eigenart jeweils für einen abwechslungsreichen Urlaub eignen. Der **Nordosten** bietet südlich von Bastia (▶ F 3), einer beinahe italienischen Stadt, sehr familienfreundliche Strände, außerdem landschaftlich reizvolle Ausflugsziele unterschiedlichster Art und in allen Richtungen: Cap Corse (▶ F 1–3), Casinca (▶ F 4/5), Castagniccia (▶ F 5), Désert des Agriates (▶ E 3).

Letzteres grenzt schon an den **Nordwesten** mit dem malerischen Calvi (▶ C 4), das zwischen der lieblichen Balagne und der wilden Steilküste von Porto (▶ C 6) liegt, zugleich das Tor ins Hochgebirge.

Erste Orientierung

Das ›**Dach der Insel**‹ ist die Region östlich des Hauptgrats mit Corte (▶ E 5/6) als heimlicher Hauptstadt und spektakulären Tälern (Asco-Tal, Golo-Tal, Tavignano-Tal, Restonica-Tal), die unter die höchsten Gipfel führen, und einer Eisenbahn, die ein Erlebnis für sich ist.

Der **Süden** schließlich, das größte Gebiet mit Ajaccio (▶ C 8) und Porto-Vecchio (▶ E/F 10), aber auch Sartène (▶ D 10) und Bonifacio (▶ E 12) mit ihren besonderen städtischen Trümpfen, hat nicht nur wunderschöne Strände, sondern auch prähistorische Fundstätten erster Güte zu bieten, dazu ein bergiges Hinterland mit Dörfern und Wäldern, in denen die Zeit stehen geblieben scheint.

Verkehrsverbindungen und Ausflugsrouten

14 Tage sind unseres Erachtens das Minimum für eine echte Korsika-Reise. Schon für An- und Rückfahrt gehen zwei Tage ab. Die auf der Insel zurückzulegenden Strecken sind kurvenintensiv und zeitraubend. Es ist deshalb sinnvoll, sich mit der Standortwahl auf eine Region zu konzentrieren und Ausflüge zu entfernteren Zielen gut zu dosieren.

Die schnellste Nord-Süd-Verbindung ist die Nationalstraße von Bastia nach Porto-Vecchio. Gut ausgebaut sind auch die Straßen von Porto-Vecchio nach Propriano und von Bastia in die Balagne sowie die Inseldurchquerung Bastia–Ajaccio über Corte und den Vizzavona-Pass. Sie ist, v. a. entlang der Bahntrasse, eine Sehenswürdigkeit der besonderen Art und eignet sich als Route bei einem Quartierswechsel oder im Rahmen einer Nord-Süd-Rundfahrt in mehreren Etappen.

Eine weitere Inseldurchquerung führt zwischen Corte und Porto über den Vergio-Pass und lässt sich mit einer Exkursion in die Balagne zu einer großartigen Rundfahrt verbinden, die auch die spektakuläre Panoramastraße entlang der Nordwestküste einschließt. Klassische Ausflugsrouten führen außerdem rund um das Cap Corse und von Porto-Vecchio über Zonza zum Bavella-Pass.

Traumstrand im Norden – die Plage de Saleccia im Désert des Agriates

Schlaglichter und Impressionen

Macchiaduft
Die korsische Macchia ist die üppigste und artenreichste des Mittelmeerraums. Ihren Namen hat sie von der Zistrose (kors. *mucchiu*), die ganze Hänge mit kniehohen Büschen überwuchert. Daneben gehören Myrte, Mastixstrauch und Ginster zu den Hauptpflanzen des typischen Macchia-Buschwalds, der mit Baumheide und Erdbeerbäumen untermischt bis zu 5 m Höhe erreichen kann. Zusammen mit zahllosen Kräutern wie Minze, Salbei, Majoran, Rosmarin und Lavendel tragen die an ätherischen Ölen reichen Straucharten zu dem unverwechselbaren Aroma bei, das bei morgendlicher Ankunft mit dem Schiff schon Kilometer vor der Küste wahrzunehmen ist. Man kann also Napoleon seine oft zitierte Behauptung glauben, dass er die ›Ile parfumée‹ an ihrem Duft erkannte.

Männergesang
Es hat etwas Unheimliches, wenn eine gesellige Runde plötzlich verstummt und alle wie verzaubert lauschen. Das passierte uns eines Abends im Tartagine-Tal, wo wir mit einer Wandergruppe auf der Terrasse eines Gîte beim Essen saßen. »C´est Jacques!«, flüsterte der Patron und wandte sich Ehrfurcht gebietend vom Grill weg den Bergen zu. Von ferne, aus dem anderen Tal, drang ein Gesang herüber, eine lange Männerstimme, so klar und innig, als käme sie aus einem riesigen Kirchenraum. Es war für uns der Urkorse, ein Hirte wie vor 500 Jahren, im dünn besiedelten Bergland über Täler hinweg bekannt, obwohl man ihn ein halbes Jahr lang nicht zu Gesicht bekommt. Manchmal, wenn wir in Korsika mit dem Auto unterwegs sind, legen wir eine CD von I Muvrini auf, dann ist sie wieder da, diese unglaubliche Bergstimme. Jacques ist jetzt Jean-François Bernardini, er singt nicht solo, sondern mehrstimmig mit seinen Brüdern, und der andächtigen Stimmung tun Schlagzeug und Keyboards keinen Abbruch. Man vermutet, dass die *paghjella,* der traditionelle korsische Männergesang, sich aus dem gregorianischen Choral entwickelt hat.

Wasserhaushalt
Die von Nord nach Süd laufende Gratlinie des korsischen Hochgebirges wirkt als Wetter- und Wasserscheide, die eine beachtliche Niederschlagsmenge auf die beiden Inselhälften verteilt. Mit durchschnittlich 8 Mrd. m^3 jährlich ist Korsika ein Wasserspeicher, größer als

Schlaglichter und Impressionen

Österreich oder die Schweiz. Trotzdem herrscht in den Sommermonaten regelmäßig Wassermangel, vor allem in der Balagne und im Süden. Dies liegt an der einseitigen Verteilung der Regenfälle, die Ende September mit heftigen Gewittern einsetzen und ab April monatelang ausbleiben. Zur Sicherung einer regelmäßigen Wasserversorgung haben die Korsen daher seit alters Brunnen, Kanäle und Zisternen, neuerdings auch Stauseen. Doch die Kapazitäten halten nicht Schritt mit dem gesteigerten Verbrauch, der gerade im Sommer (Bewässerungsanlagen, Hotelduschen, Swimmingpools) nach oben schnellt.

Waldbrände

Jedes Jahr vernichten Brände viele Hektar Wald, die gar nicht oder nur langsam wieder nachwachsen. Die im Sommer knochentrockene Vegetation brennt im Nu lichterloh, wenn ein Funke fliegt. Deshalb ist Grillen und Feuermachen in freier Natur generell verboten. Das unachtsame Wegwerfen von Zigaretten gehört zu den fahrlässigen Handlungen, die 10 % der Brände verursachen. 90 % der Fälle gehen auf Brandstiftung zurück, wobei die Pyromanen eher die Empörung von den Haupttätern ablenken, die als Hirten und Bauspekulanten zu den ortsbekannten Nutznießern der Brände gehören. Die Viehzüchter haben im Frühjahr frisches Gras für ihre Herden, wenn sie die üppig wuchernde Macchia vor dem Winterregen abflämmen. Und Käufer abgebrannter Terrains bekommen für ihre Grundstücke leichter Baugenehmigungen.

Landflucht

Wegen der schwierigen Verbindungen waren die Täler im Inselinneren lange abgeschlossene Lebensräume, in denen die bäuerliche Bevölkerung nahezu autark wirtschaftete. Die agro-pastorale Lebensweise, die jahreszeitlich bedingt den Wechsel vom Gebirgsdorf auf Sommer- bzw. Winterweiden mit sich brachte, wird heute nur noch von wenigen Korsen praktiziert, gilt aber als kulturel-

Die vielleicht schönste der Zitadellenstädte auf Korsika ist Calvi im Nordwesten

Schlaglichter und Impressionen

les Cibe, das gefördert und gepflegt wird. Aus den Gebirgsenklaven ist die Bevölkerung an die Küste abgewandert, wo sie vor allem im Dienstleistungsbereich und in der Tourismusbranche Beschäftigung findet, freilich oft in saisonalen Jobs. Für Hotels und Feriendörfer, aber auch Bars, Restaurants und Souvenirläden konzentriert sich das Jahresgeschäft auf wenige Monate. Für die Familienhotels und Privatquartiere im Landesinneren fällt von diesem Boom wenig ab, und nur heimatliebende Kreative bringen mit einfallsreichen Projekten Leben in die Dörfer. Eine effiziente Landwirtschaft gibt es in der Plaine orientale, wo in den exportausgerichteten Monokulturen (Wein, Clementinen, Avocados, Kiwis) maghrebinische Landarbeiter, moderne Maschinen und ertragsteigernde Düngemittel zum Einsatz kommen.

Leer stehende Häuser

Die Korsen sprechen von *désertification* (Verödung) und denken an die leer stehenden Häuser im Landesinneren. In den betroffenen Dörfern lohnt es immer weniger, als Schreiner, Metzger oder Bäcker in einem zunehmend verwaisten Weiler die Stellung zu halten. Mit ihren abgezählten Baguettes und »Corse-Matin«-Exemplaren machen inzwischen ›rollende Läden‹ *(commerçants ambulants)* die Runde, die wenigen Schüler werden von Sammelbussen aufgelesen, und für größere Einkäufe, Arztbesuche, Behördengänge bleibt auch den übrigen Dorfbewohnern nur die Fahrt in die Stadt. Es sind – von Pendlern und Viehzüchtern im Nebenerwerb einmal abgesehen – vor allem alte Leute, die entweder den Absprung nie versucht haben oder nach 20, 30 Jahren Staatsdienst in der Ferne als Pensionäre in die Heimat zurückgekehrt sind. Nun leben sie oft allein im geräumigen Turmhaus und setzen sich wie früher auf die Piazza, von der das Café vielleicht schon verschwunden ist. Nur im Sommer kommt trügerisches Leben in die Dörfer, wenn die auf dem Konti-

Daten und Fakten

Lage: Korsika liegt 170 km von Frankreich und 82 km von Italien entfernt im nördlichen Mittelmeer. Nach Sardinien sind es von der Südspitze nur 12,5 km.
Fläche und Ausdehnung: Mit 8720 km² ist Korsika die viertgrößte Mittelmeerinsel hinter Sizilien, Sardinien und Zypern, knapp vor Kreta. Von Nord nach Süd sind es 183 km, die größte West-Ost-Ausdehnung beträgt 83 km, die Länge der Küste 1047 km.
Höchste Erhebung: Von den 50 Gipfeln über 2000 m ist der Monte Cinto mit 2706 m der höchste. Gut 85 % der Insel sind gebirgig.
Einwohner: Die am dünnsten besiedelte Mittelmeerinsel hat ca. 280 000 Einwohner, ca. 115 000 wohnen in den Großstädten Ajaccio und Bastia und Umgebung, im Inselinnern leben stellenweise nur noch sieben Einwohner pro km².
Hauptstadt und Verwaltung: Korsika teilt sich in die Départements Haute Corse mit der Hauptstadt Bastia, und Corse du Sud mit der Hauptstadt Ajaccio. Ajaccio ist der Sitz des Regionalparlaments für die gesamte Insel.
Städte: Ajaccio 59 000 Einw., Bastia 54 000 Einw., Porto-Vecchio 10 300 Einw., Corte 6700 Einw., Sartène 3400 Einw., Calvi 5270 Einw., Bonifacio 2660 Einw.

Schlaglichter und Impressionen

nent lebenden Kinder mit den Enkeln anreisen, um den Jahresurlaub als traditionelles Familientreffen zu begehen. Aber selbst dann bleiben nicht wenige Häuser leer und verfallen allmählich, weil die ausgewanderten Besitzer aus Treue zu ihrem Elternhaus den Verkauf ablehnen.

Produits corses

In den Supermärkten gibt es alles, was man auch auf dem Festland bekommt, vielleicht etwas teurer als in Frankreich. Auf einem Regal aber steht *produits corses*, und hier finden Sie exklusiv einheimischen Honig, Wein, Käse, Kastanienkuchen etc., manchmal auch Kunsthandwerk aus Glas, Olivenholz und Leder. Diese Spezialitäten sind eher teurer als die importierte Ware, denn es sind keine Massenprodukte. Die Erzeuger, die nach traditionellen Rezepten und mit alten Herstellungsverfahren arbeiten, bringen ihre Produkte auch selbst auf die lokalen Märkte und suchen hinter ihren Verkaufsständen das Gespräch mit den Kunden. Zunehmend öffnen sie auch ihre Werkstätten und Betriebe, und Interessenten sind eingeladen, beim Fertigungsprozess zuzuschauen und die Produkte vor Ort zu verkosten. Wie gesagt, sie sind nicht billig. Aber es sind Dinge, die der Tourist zu Hause nicht bekommt und die schöne Souvenirs sind. Vor allem unterstützt man Leute, die aus dem korsischen *patrimoine* (kulturellen Erbe) eine Erwerbsquelle machen und das von Veródung bedrohte Landesinnere revitalisieren. Sie sind nämlich in ihrem Heimatdorf geblieben oder von der Stadt zurück aufs Land gezogen, um dort in einem halb verfallenen Haus ihr Atelier einzurichten, eine alte Kastanienmühle wieder in Betrieb zu nehmen oder die Reifungskeller einer Bergerie zu sanieren.

Regionalpark

1972 wurde der Parc Naturel Régional de Corse (PNRC) ins Leben gerufen. Der Regionalpark erstreckt sich über das gesamte innere Bergland einschließlich des Westteils der Castagniccia. Neben der Scandola-Halbinsel bilden drei kleine Archipele (die Finocchiarola-, Cerbicale- und Lavezzi-Inseln) gesonderte Naturschutzgebiete. 138 Gemeinden liegen im Bereich des Parks und beteiligen sich an den Projekten der Umweltschutzbehörde, deren 60 Mitarbeiter ständig unterwegs sind. Zu ihren Aufgaben gehört in erster Linie der Landschafts- und Artenschutz. Felsklippen und Pozzines, Dünen und Lagunen, selbst die sekundären Buschwälder sind Biotope mit rund 10 % endemischen Pflanzen. Die noch weitgehend intakten – mediterranen und alpinen – Ökosysteme werden seit Jahren von Wissenschaftlern südfranzösischer Universitäten inventarisiert. Im Asco-Tal und Bavella-Massiv hat man den Bestand des vom Aussterben bedrohten Mufflons gesichert. Heute können die seltenen Fischadler, Krähenscharben, Korallenmöwen in den unzugänglichen Seereservaten ungestört brüten. »Die Natur ist unser Kapital«, sagt man sich in Korsika und setzt auf den *tourisme vert*.

Geschichte, Gegenwart, Zukunft

Vorgeschichte
Korsika ist uralter Besiedlungsboden. Der älteste Skelettfund – die ›Dame von Bonifacio‹ – konnte auf 6750 v. Chr. datiert werden. Die steinzeitlichen Ureinwohner waren Nomaden, die in Natursteinhöhlen hausten und von Fischen, Wild und Waldfrüchten lebten. Als prähistorische Blütezeit gilt das Neolithikum (4. Jt. v. Chr.) mit der sogenannten Megalithkultur, von der die zahlreichen Dolmen und Menhire zeugen. Während der Bronzezeit (2. Jt. v. Chr.) wurde sie von einer torreanischen Kultur abgelöst, für die festungsartig aufgetürmte Felsansammlungen charakteristisch sind.

Pisaner und Genueser
Die korsischen Feudalherren waren importierte Raubritter, die auf geeigneten Felsen Burgen errichteten, rundum die Bauern und Hirten in Untertanen verwandelten und untereinander blutige Fehden austrugen. Den Adelskriegen machten die miteinander rivalisierenden Stadtrepubliken Pisa und Genua ein Ende, beide vom Papst mit der Verwaltung der Insel beauftragt. In einer Seeschlacht 1284 setzte sich Genua als Schutzmacht durch und rund um Korsika entstand ein Verteidigungsgürtel aus Wachttürmen, der die für Ligurien bestimmten Getreidespeicher und Weinberge vor Piraten schützen sollte.

Väter der Nation
Der genuesischen Ausbeutung und Bevormundung überdrüssig, scharten sich die Korsen gerne um Rebellen, die als Freiheitskämpfer in die Geschichte eingegangen sind. Sampiero Corso, Gianpetro Gaffori, Pasquale Paoli sind die ruhmreichen Namen. Letzterer sollte zum Staatsgründer werden. Mit einer bunt zusammengewürfelten Armee aus Patrioten und ausländischen Söldnern drängte er die Genueser zurück, manövrierte klug rivalisierende Clanchefs aus und begann in Corte, die Grundlagen eines modernen Staatswesens aufzubauen: ein stehendes Heer, eine Verwaltung mit unabhängiger Justiz, allgemeinbildende Schulen und eine Universität. Die Intellektuellen Europas jubelten, weil in der berühmten Verfassung von 1755 Prinzipien der Volkssouveränität und Gewaltenteilung verbindlich formuliert waren. So regierte Pasquale Paoli 14 Jahre lang als ›erster General der Nation‹, der vor einer ständigen *consulta* dem korsischen Volk verantwortlich war – bis 1769 sein Heer am Golo von den Franzosen vernichtend geschlagen wurde. Diese hatten Korsika ein Jahr zuvor den verschuldeten Genuesern als Pfand abgenommen.

Corse française
Doch die Tage des Ancien Régime waren bereits gezählt. Als die Kunde von der Pariser Revolution in die Kolonie gelangte, besetzten Hirten die Adelsdomänen und Paoli kehrte im Triumphzug aus dem Exil zurück. Allerdings geriet er schnell in Konflikt mit der ›französischen Partei‹, zu der ein gewisser Carlo Bonaparte gehörte, der Vater Napoleons. 1793 überstürzten sich die Ereignisse: Paoli wurde des konterrevolutionären Separatismus verdächtigt, seine Anhänger brannten das Haus der Bonapartes in Ajaccio nieder, Napoleon floh nach Frankreich und Paoli wandte sich in offener Sezession an die Engländer. Es war die Stunde Na-

Geschichte, Gegenwart, Zukunft

Überall an der Küste stehen sie, die alten Befestigungstürme der Genueser

poleons, der als Erster Konsul, dann als Kaiser das lange, schmerzreiche Kapitel der Integration Korsikas in den französischen Staat eröffnete. Streng zentralistisch wurde die Insel in zwei Départements aufgeteilt, denen in Paris ernannte Präfekten vorstanden, und Korsika bekam eine Hauptstadt, ein laizistisches Schulwesen, ein modernes Straßennetz, eine Inseleisenbahn …

Emigration und Terrorismus

Die Bevölkerungszahlen schnellten in die Höhe, aber die Jugend sah ihre Zukunft immer weniger in Korsika – das war das Problem, das im 20. Jh. als unlösbarer Dauerzustand zu Emigration und Terrorismus führte. Zum einen waren die interessanten Verwaltungsposten mit Festlandsfranzosen besetzt, zum anderen konnte man von einer Industrie kaum sprechen. Dann schädigten auch noch die Reblaus und die Preiskonkurrenz der Mittelmeerländer die Landwirtschaft. Zu Tausenden verließen deshalb junge Korsen ihre Heimat. Mit der Förderung neuer Wachstumsbranchen (Plantagen, Tourismus) schaffte Paris in den 1960er- und 1970er-Jahren nicht nur Arbeitsplätze, sondern neue Probleme, die zu einer Kette von Terroranschlägen führten. Die Botschaft war immer dieselbe: Von der ›kolonialistischen‹ Verwaltung und ›korrupten‹ Clanchefs protegiert, machten ›ausländische Spekulanten‹ auf Korsika ihr Geschäft, während die Einheimischen ihre Existenzgrundlage verloren. Als Mitterrand allerdings dem korsischen Regionalparlament erweiterte Rechte gewährte, spaltete sich die Autonomiebewegung: Viele der alten Kämpfer bemühten sich in Parteien und Gremien um die Wahrung der ›korsischen Identität‹, die versprengten Reste verloren den Rückhalt in der Bevölkerung und gerieten im Untergrund in den Dunstkreis der Inselmafia. Letztlich war es die europäische Integration, die Korsika befriedet hat: Gelder aus Brüssel und die Pflege der Identität, das ist im 21. Jh. die Perspektive.

Übernachten

Ferienunterkünfte konzentrieren sich primär an der Küste, im Osten entlang der langen Sandstrände und Buchten, im Westen mehr in Badeorten und deren Umgebung. Große Bettenburgen blieben Korsika erspart. Es dominieren gut ausgestattete, angenehm dimensionierte, vielfach familiäre Betriebe, und es gibt ein großes Angebot an Feriendörfern und Ferienhotels, die wochenweise zu buchen sind. Reiseveranstalter bieten eine vielfältige Auswahl an Pauschalangeboten für Hotels und Feriendörfer, die zum Teil recht günstig sind. Bei einigen kann man Hotelcoupons für eine Rundreise erwerben, mit ein bis zwei Übernachtungen pro Hotel.

Preise und Rabatte

Die Preise der Unterkünfte variieren je nach Saison. Hotels und Feriendörfer unterscheiden zwischen den Wintermonaten, April/Mai, Juni/Sept., Juli und dem Spitzenmonat August; die Preise im August können bis zu dreimal so hoch sein wie im Mai, die Preise für Wohnungen und Ferienhäuser fast viermal. Die meisten Campingplätze kennen zwei Stufen, den Nebensaisonpreis von April bis Anfang oder Mitte Juni und ab Anfang/Mitte Sept. und die Hauptsaison von Juni bis August.

Auch wer nur eine Nacht bleibt, kann in vielen Hotels Halbpension, Übernachtung mit Abendessen und Frühstück, wählen. Man spart gegenüber den Einzelposten 10–15 %. Wer länger als eine Woche bleibt oder in der Nebensaison reist, kann bei Halbpension oft einen guten Preisnachlass *(réduction)* aushandeln.

Hotels

Hotels sind eher spärlich über die Insel verteilt und v. a. im Landesinnern rar. Besser ausgestattet sind Ajaccio und

Einladung zum Entspannen bei herrlicher Aussicht am schicken Hotelpool

Bastia, die Touristenzentren an der Küste sowie Corte. Wer zwischen Mitte Juni und Anfang September spontan irgendwo übernachten will, stößt oft auf ein bedauerndes *complet!* (belegt) – eine Buchung vor Antritt der Reise ist daher ratsam. Das klassische korsische Hotel, ein bisschen karg, aber freundlich und günstig, gehört immer mehr der Vergangenheit an. Man setzt zunehmend auf gehobene Ausstattung, mit eleganten Bädern und Swimmingpool und entsprechenden Preisen. Ein Doppelzimmer (DZ) für unter 50 € ist kaum mehr zu finden.

Feriendörfer und -hotels

Reichhaltig ist das Angebot an *résidences* und *villages de vacances* (Ferienhotels und Feriendörfer, die wochenweise gebucht werden) mit Zimmern, Apartments, Studios oder sogenannten Minivillas auf weitläufigem Gelände mit Swimmingpool und diversen Sport- und Freizeitplätzen, häufig mit Ausflugs- und Kinderprogramm. Viele Anlagen bieten mehrere Preisklassen an. Am günstigsten sind vor Ort bereitgestellte Zelte oder Holzhütten *(chalets)* mit Kochgelegenheit; zwar ohne Bad oder WC, aber mit Gemeinschaftswaschhäusern. Der Preis steigt mit dem Komfort und jedem Quadratmeter. Meistens kann man auch täglichen Hotelservice buchen. Infos zu einzelnen Hotels auf Korsika finden Sie im Internet unter www.locationscorse.com.

Ferienhäuser

Das Angebot an Ferienhäusern ist vielfältig und wächst ständig. Billig sind die Häuser nicht, in der Hauptsaison muss

Unter dem Name ne Gruppe unabh scher Hotels dazu sische Gastfreun nen. Die Unterkünfte liegen über die gesamte Insel verteilt, die meisten davon im Inland: Auberges Casa Toia, chez Jean Massiani, 20, cours Général Leclerc, 20000 Ajaccio, Tel. 04 95 51 07 29, www.auberges-casa-toia.com.

man mindestens 600 € die Woche rechnen, und die Skala ist nach oben offen. Gebucht wird der größte Teil übers Internet, z. B. über www.corsica.net oder www.locationscorse.com.
Gîtes de France: Gîtes sind ländliche Unterkünfte für vier bis sechs Personen und mit 400 € aufwärts vergleichsweise preisgünstig, oft aber sehr schlicht eingerichtet. Man findet sie in der Broschüre »Gîtes de France«, die auch Chambres d'hôtes, d. h. Gästezimmer aufführt: Relais Régional de Gîtes de France, 77, cours Napoléon, 20000 Ajaccio, Tel. 04 95 10 54 30, www.gites-corsica.com.

Camping

Auf Korsika gibt es fast 200 Campingplätze, oft landschaftlich reizvoll und in der Nähe von Stränden gelegen, meistens schattig, gut geführt und sauber; ein Lebensmittelladen oder ein morgendlicher Bäckerdienst gehört dazu. Die Preise liegen in der Regel zwischen 14 und 25 € für zwei Personen, Zelt und Auto. Wegen der Brandgefahr ist das Grillen generell verboten. Wildes Zelten ist nirgends erlaubt und das Verbot wird streng überwacht. Infos im Internet unter www.campingcorse.com und www.campingfrance.com.

Essen und Trinken

Frische regionale Produkte

Korsika erfreut Schlemmer aller Art mit einer deftig-bodenständigen Küche, die mit regionalen Produkten aus dem Vollen schöpft. Die mediterranen Gemüsegärten und Obstplantagen liefern Frisches von A wie Aubergine bis Z wie Zitrone, das auf den lokalen Märkten in Hülle und Fülle zur Auswahl steht.

Schon frühmorgens werden auf den Fischmärkten Seefische und Krustentiere angelandet, nicht nur (wie früher) am Cap Corse, sondern in allen Häfen Korsikas. Auch genuin korsische Muscheln und Austern gibt es, gezüchtet in den Etangs der Ostküste, und die korsischen Seeigel gelten unter Kennern als die besten der Welt.

Das Fleisch stammt traditionell von halb frei weidenden Schafen, Kälbern, Rindern, Ziegen und Schweinen, in besonderen Fällen vom korsischen Wildschwein. Die Schweine werden nach allen Regeln der Kunst zur *charcuterie corse* verarbeitet, als Aufschnitt die klassische Vorspeise. Vom *prisuttu* (roher Schinken) über den *lonzu* (Lachsschinken) und *coppa* (Rollschinken) bis zu den *figatelli* (geräucherte Leberwürste) und *salsiccie* (Hartwurst) reicht die Palette. Gewürzt wird mit den Kräutern der Macchia, die vielen Gerichten und den Käsen ihr unverwechselbares Aroma verleihen.

Ein ganz typisches, immer noch wichtiges Element der Küche sind Edelkastanien *(châtaignes)*, je nachdem als Beilage oder Füllung, in der Polenta oder im Kuchen, zu Konfitüre oder Speiseeis verarbeitet.

Käse

Im Land der Bergerien ist der Käse von besonderer Qualität und großer Vielfalt. Er wird ausschließlich aus der Milch von Schaf *(brebis)* und Ziege *(chèvre)* gewonnen, variiert aber je nach Mikroregion in der Herstellung und schmeckt in allen Nuancen intensiv bis mild cremig. Eine besondere Delikatesse ist der Brocciu (gesprochen ›Brutsch‹), ein köstlicher Frischkäse aus Schafs- und/oder Ziegenmilch, der viel für Füllungen verwendet wird, für Ravioli, Omeletts und Gebäck (berühmt die warmen Käsetörtchen *fiadone*). Bis in den Juni gibt es ihn frisch, im Hochsommer gesalzen *(brocciu passu)*, zum Dessert gezuckert und mit Schnaps. Achten Sie auf die Qualitätsbezeichnung *fromage fermier*.

Essen gehen

Eine warme Mahlzeit kann mittags von 12 bis 14.30 Uhr eingenommen werden; abends sind die Restaurants ab ca. 19 Uhr geöffnet. Es ist üblich und preiswerter, ein Menü *(menu)* zu bestellen. Speisenfolge und Portionen sind (von drei Gängen aufwärts und mit Wahlmöglichkeiten) zu einem abgerundeten Mahl zusammengestellt, das im günstigen Fall 15 bis 30 € kostet. Ein *menu corse* besteht aus einheimischen Spezialitäten, als Vorspeise meist *charcuterie corse*, *potage corse* (Gemüsesuppe) oder *aziminiu* (Bouillabaisse), als Hauptspeise je nach Mikroregion ein Fleisch- (gerne Ragout) oder Fischgericht (z. B. *frittura*) und zum Nachtisch

Essen und Trinken

ein typisches Gebäck (z. B. Kastanienkuchen). Traditionelle Gaststätten bieten v. a. im Inselinneren nur ein Einheitsmenü an, das in der Regel nicht nur typisch, sondern üppig und köstlich ist. Bei Bestellungen à la carte müssen die Gerichte einzeln geordert werden, alle Beilagen (auch Kartoffeln, Reis, Nudeln) werden extra berechnet. Für den kleinen Hunger gibt es für unter 10 € Salate, über Holzfeuer gebackene Pizzen, Gemüsetartes oder Crêpes.

Getränke

Was wäre ein korsisches Essen ohne den lokalen Qualitätswein. In acht Anbaugebieten werden, meist in kleinen Lagen, AOC-Weine *(appellation d'origine contrôlée)* gekeltert, die strengen Erzeugervorschriften genügen. Zu mindestens 50 % müssen sie aus den korsischen Rebsorten Niellucciu oder Sciacarellu (rot), Vermentinu oder Muscat (weiß) bestehen. Weine, die zusätzlich eine Ortsbezeichnung wie ›Figari‹ oder ›Patrimonio‹ und das Prädikat ›Vin de Corse‹ tragen, sind strikt auf 45 hl/ha limitiert. In den Lokalen wird der Hauswein im Krug *(pichet)* angeboten. Als ›Sommerwein‹ sehr beliebt zu allen Gerichten ist der Rosé.

Im Kommen sind auch die einheimischen Biere: das Kastanienbier Pietra, das helle Serena oder Pasquale Paoli und das Weizenbier Colomba.

Zum Aperitif bzw. Digestif lässt man sich mit Zitrusfrüchten oder Macchiakräutern angesetzte Liköre bzw. Obstwässer aus inseltypischen Früchten (z. B. vom Erdbeerbaum, frz. *arbouse*) auf der Zunge zergehen.

Nicht zu vergessen das korsische Tafelwasser. Das bekannteste mit seinem natürlichen Kohlensäure- und starken Eisengehalt ist die Marke Orezza aus einer Quelle in der Castagniccia. Als stille Wasser angeboten werden die Sorten Zilia und Saint-George.

Fromage fermier – die Tradition der Herstellung reicht weit zurück

Reiseinfos von A bis Z

Anreise

Mit dem Flugzeug
Die korsischen Flughäfen in Ajaccio, Bastia, Calvi und Figari werden von Ende April bis Mitte Okt. von mehreren Chartergesellschaften direkt bedient, Linienflüge hingegen gehen meist über Paris oder Nizza. Bei einem Pauschalurlaub übernimmt der Veranstalter den Transfer zum Feriendomizil, in Bastia und Ajaccio verkehren Flughafenbusse, in Figari und Calvi müssen Individualurlauber ein Taxi nehmen oder gleich mit dem Flug einen Wagen mieten. Weitere Informationen im Internet unter www.bastia.aeroport.fr, www.calvi.aeroport.fr sowie www.2a.cci.fr (für Ajaccio und Figari).

Mit der Fähre
Nach Korsika kann man von Frankreich oder Italien übersetzen. Am schnellsten, aber recht teuer sind die Expressfähren (Fahrzeit je nach Abfahrtsort 2–3 Std.). Am längsten brauchen die Nachtfähren, auf denen man eine Kabine buchen kann und frühmorgens den korsischen Zielhafen anläuft. Von Savona, Genua, Livorno und Piombino starten Fähren v. a. nach Bastia. Fähren ab Marseille, Nizza und Toulon steuern Ajaccio, Bastia, Calvi, L'Ile-Rousse, Porto-Vecchio und Propriano an. Die Preise variieren stark nach Saison und Wochentag, durch feste Buchung von Hin- und Rückfahrt kann sich die Rückfahrt bis zu 50 % verbilligen. Informationen im Internet: www.corsicaferries.com, www.mobylines.de, www.sncm.fr.

Anreise zur Fähre: Alle Häfen, von denen Fähren nach Korsika gehen, sind per Bahn und natürlich auch per Auto zu erreichen. Frankreich, Italien, Österreich und die Schweiz erheben Autobahngebühren. Vignetten und die in Italien als Alternative zur Barzahlung zu benutzende ›Viacard‹ bekommt man bei den Automobilklubs.

Einreisebestimmungen
Für die Einreise nach Korsika benötigen Deutsche, Österreicher und Schweizer einen gültigen Personalausweis bzw. Identitätskarte oder Reisepass. Kinder benötigen einen eigenen Ausweis, sofern sie nicht vor 2007 im Pass der Eltern eingetragen wurden.

Als Autofahrer ist das Mitführen des nationalen Führerscheins und des Kraftfahrzeugscheins Pflicht. Die Mitnahme der Internationalen Grünen Versicherungskarte ist zu empfehlen.

Zollbestimmungen
Innerhalb der EU gelten folgende steuerfreie Höchstmengen für den Eigenbedarf: 800 Zigaretten, 400 Zigarillos, 200 Zigarren, 1 kg Rauchtabak, 10 l Spirituosen, 10 l alkoholhaltige Süßgetränke, 20 l Zwischenerzeugnisse (z. B. Likörwein, Wermutwein), 90 l Wein (davon höchstens 60 l Schaumwein), 110 l Bier, 10 kg Kaffee. Für die Schweiz und und Nicht-EU-Länder gelten niedrigere Mengen.

Feiertage

1. Januar: Neujahr
März/April: Ostermontag
1. Mai: Tag der Arbeit
8. Mai: Waffenstillstand 1945

Reiseinfos von A bis Z

Mai/Juni: Christi Himmelfahrt
Mai/Juni: Pfingstmontag
14. Juli: Nationalfeiertag
15. August: Mariä Himmelfahrt
1. November: Allerheiligen
11. November: Waffenstillstand 1918
25. Dezember: Weihnachtsfeiertag

Feste und Festivals

Notre-Dame-de-la-Miséricorde: 18. März. Ajaccio feiert mit großem Umzug und Festbeleuchtung seine Schutzheilige.
Karwoche: Spektakuläre Bußprozessionen in Calvi, Erbalunga, Corte, Sartène und Bonifacio.
Brocciu-Markt: Letzte Aprilwoche. In Piana am Golf von Porto steht die Herstellung und Verkostung des Frischkäses Brocciu im Mittelpunkt.
Nautival: Letztes Mai- oder erstes Juniwochenende. Fest des Meeres mit vielen Darbietungen in Macinaggio.
Fest des hl. Erasmus: Anfang Juni. Die Hafenstädte Ajaccio, Bastia, Calvi und Propriano feiern den Schutzheiligen der Fischer.
Corsica Raid Aventure: Anfang Juni. Von Porticcio ausgehendes Extremsportrennen durch die Berge und übers Meer, zu Fuß, mit Mountainbike und Kajak.
San Ghjuva, Johannestag: 24. Juni. Bastia feiert den Schutzheiligen der Stadt mit Umzug und Stadtfest.
Festival de Jazz: Letzte Juniwoche. Weit über die Insel hinaus bekanntes Jazzfestival in Calvi mit nachmittäglichen Konzerten in den Straßen.
Foire du vin: Erstes Juliwochenende. Winzer und Weinliebhaber der ganzen Insel kommen zum Kosten und Vergleichen nach Luri ans Cap Corse.
Grand Raid inter-lacs: Anfang Juli. In Corte startet das zwei Tage dauernde Rennen um sieben Hochgebirgsseen der Insel.
Estivoce: Erste Julihälfte. In Pigna und anderen Orten der Balagne findet das Festival um den traditionellen polyphonen Gesang statt.
Nuits de la Guitare, Classic et Jazz: Dritte Juliwoche. Gitarrenfestival in Patrimonio.
Festa di u mare: Ende Juli. Spiele und Wettkämpfe an den Küsten, dazu auch die einwöchige Regatta um Korsika und Sardinien, bei der es um die Mediterranean Trophy geht.
Festival de Musique, Jazz et Guitare: Erste Augustwoche. Fünftägiges Musikfest in Erbalunga.
Mariä Himmelfahrt: 15. Aug. Besonders wichtiges Datum im korsischen Festkalender, denn die Jungfrau Maria ist die oberste Schutzpatronin der Insel. In Ajaccio (13.–15. Aug.) und Calvi (15.–18. Aug.) gibt es jeweils ein dreitägiges Volksfest, in Bastia und Rusio wird am 15. Aug. die *paghjella* gefeiert – polyphoner Gesang, Messe und Prozession.
Mariä Geburtstag: 8. Sept. Zweites Marienfest mit Umzügen und Jahrmärkten, besonders schön der dreitägige Jahrmarkt Santa di u Niolu mit Sangeswettbewerben in Casamaccioli.
Rencontres polyphoniques: Mitte Sept. Internationales Polyphonie-Treffen in der Zitadelle von Calvi.
La Paolina: Erster Sa im Sept. Internationaler Wettlauf vom Hafen in Ile-Rousse nach Morosaglia (72 km).
Musicales de Bastia: Mitte Okt. Breit gefächertes Musikfest.
Fiera di a castagna: Mitte Dez. Dreitägiger Kastanienmarkt in Bocognano.

Geld

Die meisten Hotels, Restaurants, Tankstellen und Geschäfte akzeptieren Kre-

Reiseinfos von A bis Z

ditkarten (Eurocard, VISA, American Express etc.). Nur Bargeld nehmen die kleinen Lebensmittelgeschäfte im Inselinneren, Wanderherbergen und viele Zeltplätze. Mit EC- oder Kreditkarte kann man bei Banken und vielen Postämtern rund um die Uhr Geld ziehen. Geldautomaten (distributeurs de billets) sind in den Städten und Küstenorten leicht zu finden, am Cap Corse und im Bergland hingegen sind sie rar.

Gesundheit

Mit der Europäischen Versichertenkarte EHIC hat man Anspruch auf ärztliche Behandlung, muss die Kosten jedoch vorstrecken. Sie werden nach französischem Recht erstattet, entweder vor Ort von der zuständigen Caisse Primaire d'Assurance Maladie (CPAM) bzw. Caisse Générale de Sécurité Sociale (CGSS) oder daheim von der Krankenversicherung. Krankenhäuser gibt es in Ajaccio, Bastia, Corte, Sartène, Bonifacio, Porto-Vecchio. Apotheken sind mit einem grünen Kreuz gekennzeichnet.

Informationsquellen

In Deutschland
Atout France: Zeppelinallee 37, 60325 Frankfurt/Main, Tel. 09 00 157 00 25 (0,49 €/Min.), http://de.franceguide.com

In Österreich
Atout France: Lugeck 1–2, Stg. 1, Top 7, 1010 Wien, Tel. 09 00 25 00 15 (0,68 €/Min.), http://at.franceguide.com

In der Schweiz
Atout France: Tel. 04 42 17 46 00 (kein Besucherbüro), http://ch-de.franceguide.com

Auf Korsika
Agence du Tourisme de la Corse: 17, bd. du Roi Jérôme, BP 19, 20181 Ajaccio Cedex 01, Tel. 04 95 51 00 00, www.visit-corsica.com
Parc Naturel Régional de la Corse: 2, rue Major Lambroschini, BP 417, 20184 Ajaccio, Tel. 04 95 51 79 10, www.parc-naturel-corse.com
In fast jedem Ort erteilt ein Fremdenverkehrsbüro (Office de Tourisme) oder -verein (Syndicat d'Initiative) regionale Auskünfte und hält kostenlose Infobroschüren bereit.

Im Internet
www.toute-la-corse.com: umfassendes Korsikaportal auf Deutsch.
www.korsika-aktuell.de: private Seite mit gut besuchtem Korsikaforum, in dem Urlaubserfahrungen und Meinungen ausgetauscht werden.
www.visit-corsica.com: offizielle Webseite des korsischen Fremdenverkehrsbüros. Versorgt rundum mit nützlichen Informationen über die Insel, von Unterkünften über Kultur- und Freizeitangebote bis zu Online-Broschüren, auch auf Deutsch.
www.corsica-isula.com: eindrucksvoller Überblick über die Sehenswürdigkeiten (auf Englisch).
www.outil-culturel.corse.fr: offizielle Seite der Regionalverwaltung über die kulturelle Agenda.

Kinder

Strände, Flüsse, Wälder, Kletterfelsen, Wildschweine – Korsika hält für Kinder immer Erlebnisse bereit und das stabile Sommerwetter tut ein Übriges, um Familienferien auf der Insel herrlich unkompliziert zu machen.

Wer mit Kindern reist, kommt besser in Feriendörfern oder Ferienhotels (résidences) unter als in den klassischen Hotels, die oft keinen Swimmingpool haben. Günstiger als die in der Hauptsaison recht teuren Ferienhäuser sind die Campingplätze, wo die eigenen Sprösslinge auch immer andere Kinder zum Spielen finden.

Kinderfreundlich sind die feinsandigen, flachen Strände um Porto-Vecchio, die seichte Bucht von Calvi und der fast 100 km lange Sandstrand der Ostküste. Die Westküste, wo das Wasser schneller tief wird und starke Winde die Wellen aufpeitschen können, ist für kleinere Kinder sicher nicht geeignet (besonders gefährlich sind die steil abfallende Strand von Liamone und die sehr schnell tief werdenden Kieselstrände im Golf von Porto).

Für zusätzliche Abenteuer gibt es Bootsausflüge ab praktisch jedem Hafen, einige Aquaparks und Abenteuerparcours, ein Aquarium (Porto) und ein Schildkrötendorf (bei Ponte-Leccia).

Klima und Reisezeit

Im Winter ist die Luft an der Küste mild, kaum kälter als das Meer. In den Bergen liegt dann Schnee, die Skistationen sind bis in den April geöffnet, auch Langlauf ist im Kommen.

Im Mai blüht die Macchia und rauscht eiskaltes Schmelzwasser: die schönste Zeit für Wanderungen an der Küste und im Vorgebirge. Im Hochgebirge sind die Wege und Pässe oft noch gesperrt und viele Tourismusbetriebe öffnen erst im Lauf des Monats.

Wenn Ende Mai die Badesaison beginnt, strömen sukzessive die Besucher ein, Juli und August ist Hauptsaison, die ideale Zeit für Strandurlaub und Wanderungen auf dem ›Dach‹ der Insel, wo die Sonne zwar kräftig brennt, die Temperaturen aber angenehm sind.

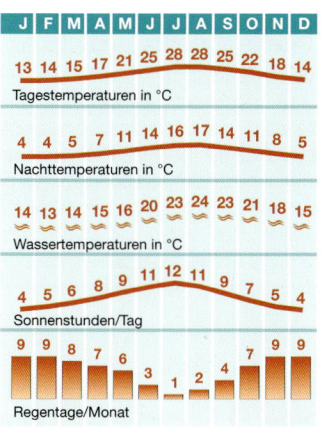

Klimadiagramm Ajaccio

Mit dem Ferienende in Frankreich, Anfang September, leert sich die Insel abrupt, die ersten Restaurants und Ferienanlagen schließen, das Wetter wird etwas wechselhafter, es beginnt die zweite Saison für Aktivurlauber. Wer im Oktober kommt, findet stille Orte vor und hat immer noch angenehme Temperaturen.

Öffnungszeiten

Die großen **Geschäfte** in den Städten und die wenigen großen Supermärkte (Géant, Hyper U, Super U) haben in der Regel Mo–Sa 9–19 Uhr geöffnet. Sonst werden die Öffnungszeiten je nach Saison flexibel gehandhabt. In der Hochsaison im Juli und August sind viele Läden sieben Tage die Woche durchgehend geöffnet.

Bäcker haben auch sonntagmorgens geöffnet und schließen dafür an einem anderen Wochentag.

Restaurants haben im Allgemeinen mittags von 12 bis 14.30 Uhr und abends ab 19 Uhr geöffnet.

Reiseinfos von A bis Z

Sicherheit und Notfälle

Die Zeitungen berichten gelegentlich von Attentaten und Sprengstoffanschlägen. Erstere treffen ›einflussreiche Leute‹, die sich im ›Milieu‹ Feinde gemacht haben. Letztere richten sich gegen die ›Kolonialverwaltung‹ (Präfektur, Justizpalast, Gendarmerien) und ›Bauspekulanten‹, nicht gegen Touristen.
Opfer von Überfällen wurden hingegen Wildcamper. Abgesehen davon, dass Wildcampen ohnehin verboten ist, handelt es sich hier um ›normale‹ Kriminalität.
In Korsika ist vor allem mit Diebstählen zu rechnen. Auf großen Parkplätzen werden gern Motorräder, edle Fahrräder sowie im Auto zurückgelassene Wertsachen entwendet. Nehmen Sie diese daher beim Verlassen des Autos unbedingt mit.

Wichtige Telefonnummern
Notarzt, Krankenwagen (Service d'Aide Médicale d'Urgence): 15
Polizei: 17
Feuerwehr: 18
Bergrettung: 112
Pannenhilfe: 0800 08 92 22
Seerettungsdienst CROSSMED: 04 95 20 13 63
Sperrung von Bank- und Kreditkarten: 0049 11 61 16, 0049 30 40 50 40 50
Im Ortsverzeichnis des Telefonbuchs – weiße Seiten, *pages blanches* – stehen die Polizeistationen *(gendarmerie)* jeweils als Erstes verzeichnet, diese fungieren auch als **Fundbüros**.

Diplomatische Vertretungen
Deutsches Honorarkonsulat: c/o Socodipha, 20600 Furiani, Zone Industrielle, N 193, 20200 Bastia, Tel. 04 95 33 03 56 (9–12 Uhr).
Österreichisches Honorarkonsulat: 10, rue Bonaparte, 20000 Ajaccio, Tel. 04 95 21 22 68, nur von Mai bis Okt.
Schweizer Generalkonsulat: 7, rue d'Arcole 13291 Marseille Cedex 6, Tel. 04 96 10 14 10/11,

Post, **Apotheken**, **Banken** und kleinere Läden schließen häufig über Mittag, meist zwischen 12 und 14 oder 14.30 Uhr.

Rauchen

Das Rauchen ist in öffentlichen Räumen wie Flughäfen, Bahnhöfen und in Restaurants verboten. Zigaretten gibt es nur im Tabakladen. Wegen der Waldbrandgefahr herrscht in manchen Gemeinden auch in freier Natur ein Rauchverbot.

Reisen mit Handicap

Die meisten Museen und viele Hotels sind behindertengerecht eingerichtet. Flug- und Fährlinien bieten Hilfe, sofern sie bei der Buchung angesprochen werden. Tipps zu behindertengerechtem Reisen erhält man auf der Webseite des Bundesverbands Selbsthilfe Körperbe-

Reiseinfos von A bis Z

hinderter e. V. (www.bsk-ev.org), spezielle Informationen zur Situation vor Ort bei der Association Handicap Tourisme et Loisirs (www.handi20.com).

Sport und Aktivitäten

Baden
Die Wasserqualität des Mittelmeers ist im Bereich Korsika einwandfrei. In der Nähe großer Häfen allerdings, besonders Bastia und Ajaccio, können an den Stränden Ölflecken an den Stränden auftauchen.

Besonders klar und erfrischend ist das Wasser der Flüsse, die auf dem steilen Weg zum Meer Felsbecken ausgewaschen haben mit Wasserfällen, Sprungfelsen und natürlichen Rutschen. Die beliebtesten Badestellen liegen am Fango, Aitone und Solenzara.

Bootsfahrten
Ausflugsfahrten *(promenades en mer)* werden in allen größeren Küstenorten angeboten. Besondere Ziele sind die Traumstrände des Désert des Agriates, die Bucht von Girolata und die naturgeschützten Lavezzi-Inseln vor der Südküste Korsikas.

Canyoning
Kletterpartien durch das Wasser und die Wasserfälle tiefer Schluchten kann man von Mitte April bis November unternehmen. Viel genutzte Strecken sind die Schluchten von Richiusa, Spelunca und Dardo, die Oberläufe von Gravona, Solenzara, Baracci sowie kleine Flüsse am Cap Corse. Nähere Auskünfte erteilt das Büro des Parc Naturel Régional de la Corse (s. S. 20).

Drachenfliegen und Paragliding
Die schönsten Möglichkeiten bieten sich am Cap Corse, in der Balagne, der Castagniccia, im Nebbio, im Niolo sowie im äußersten Süden. Die Agence du Tourisme de la Corse in Ajaccio (s. S. 20) verschickt eine Liste sämtlicher Anbieter inkl. Informationen über besondere Bedingungen und Gefahren.

Es muss nicht immer Strand sein: Warum nicht mal abheben ...

Reiseinfos von A bis Z

Golf
Der einzige 18-Loch-Platz, Golf de Sperone bei Bonifacio, gilt seiner Lage wegen als einer der Top-Plätze der Welt. 9-Loch-Plätze haben der Bastia Golf-Club und Golf de Spano in Sant'Ambroggio. 6-Loch-Übungsplätze gibt es bei Porto-Vecchio, L'Ile-Rousse und Porticcio.

Jetski
Die kleinen Flitzer gibt es, Führerschein vorausgesetzt, an vielen Stränden zu mieten (ab 30 € für 15 Min.).

Kajak und Kanu
Auf dem Meer ist das Paddeln am allerschönsten an der Westküste des Cap Corse und südlich von Sartène, aber auch sonst überall entlang der Felsenküste sind Kajak- oder Kanuausflüge reizvoll. Anfänger seien jedoch gewarnt, die Winde können lebensgefährlich werden, daher vor jedem Ausflug aufs Meer unbedingt den Wetterbericht konsultieren.

Wildwasserfahrten sind den Erfahrenen vorbehalten. Mitte Februar bis Mai finden diese ideale Bedingungen in den Flüssen Asco, Golo, Tavignano, Vecchio, Liamon, Taravo und Rizzanese. Weitere Infos erteilt das Büro des Parc Naturel Régional de la Corse (s. S. 20).

Klettern und Freeclimbing
Im Hochgebirge gibt es eine Fülle von ausgewiesenen Kletterstellen, zugänglich vom Asco-Tal, Col de Vergio, Restonica-Tal und Vizzavona. Einige Anbieter werden unter dem jeweiligen Ort genannt, Informationen verschickt der Verband Fédération française de la montagne et de l'escalade: 10, quai de la Marne, 75019 Paris, Tel. 01 40 18 75 50, www.ffme.fr.

Abenteuerparcours (*parcours aventure*) findet man in der Bucht von Calvi, in Vero bei Ajaccio, in Solenzara, um Luc d'Ospédale und in Vizzavona.

Organisierte Touren
Die großen Ferienanlagen bieten als Extra organisierte Ausflüge mit deutschsprachiger Führung an, etwa in Form einer Bustour zu den Hauptsehenswürdigkeiten, als Wanderungen zu landschaftlichen Highlights oder als Fahrradausflug. Individualreisende können sich im örtlichen Office de Tourisme über Tourangebote informieren.

Radfahren
Ob Rennradfahrer, Mountainbiker oder Cross-Country-Radler, sie alle schwärmen von den Möglichkeiten, die das steile Relief Korsikas ihnen eröffnet. Zahlreiche Veranstalter bieten nach Schwierigkeitsgraden gestaffelte Fahrradreisen an, in vielen Orten finden sich Vermieter.

Reiten
Mietställe und Anbieter für Ausritte und Wanderreisen zu Pferd und zu Esel finden sich in allen Teilen der Insel. Adressen verschickt die Association régionale du tourisme équestre de Corse (ARTEC), 7, rue Colonel Feracci, 20250 Corte, Tel. 04 95 46 31 74; im Internet informiert www.cheval-en-corse.com. Auch unter www.visit-corsica.com finden Sie einige Adressen und allgemeine Infos.

Segeln
In vielen Häfen gibt es Boote mit und ohne Skipper zu mieten. Ausgestattet mit guten Karten und Kenntnisse vorausgesetzt, können Sie die Insel vom Wasser aus erkunden. Über Jachthäfen verfügen an der Westküste Saint-Florent, L'Ile-Rousse, Sant'Ambroggio, Calvi, Girolata, Porto, Sagone, Ajaccio, Propriano, Campomoro, im Süden Bonifacio und Porto-Vecchio, an der Ostküste

Reiseinfos von A bis Z

… oder die grandiosen Küstenausblicke mit dem Fahrrad erkunden?

Solenzara, Campoloro und Bastia, am Cap Corse Macinaggio. Die Broschüre »Corse Nautic« ist in den Offices de Tourisme erhältlich. Auskunft im Internet: www.liguecorsedevoile.org.

Surfen

Wind- und Kitesurfer genießen fast überall auf der Insel beste Bedingungen, mit Ausnahme des Golfs von Porto. Bretter gibt es an den meisten Stränden zu mieten. Neulinge üben gern an den Stränden im Südwesten und Westen. Beliebt sind der Golf von Propriano mit seinen windausgesetzten und windabgewandten Seiten, die Buchten um Sagone und Cargèse und der Nordwesten. Am meisten Wind hat man im Golfe de Sta-Manza und im Golfe de Figari ganz im Süden.

Tauchen und Schnorcheln

Das Wasser ist bei ruhigem Wetter vielerorts so klar, dass man bis in Tiefen von 15 m ausgezeichnet sieht. Nicht nur Gerätetaucher, auch Schnorchler können die üppige Unterwasserflora und -fauna Korsikas entdecken. Streng verboten ist es, Korallen zu pflücken. Die schönsten Gebiete für Schnorchler sind: Golfe de Valinco, Tizzano, Golfe de Figari, die Gegend um Centuri am Cap Corse, der Golfe de Pero bei Cargèse und Golfe de Porto-Vecchio. Tauchschulen gibt es in allen größeren Küstenorten für Kinder, Anfänger und Fortgeschrittene. Eine Karte mit Adressenverzeichnis findet man im Internet unter www.korsika-diveguide.de.

Wandern und Bergsteigen

Neben dem berühmten Fernwanderweg GR 20 (Infos auf der Website des Regionalparks), der in 15 Tagesetappen diagonal über die Insel führt, gibt es mehrere fünf- bis sechstägige Routen von Küste zu Küste (›Da Mare a Mare‹) und durchs mittelhohe Bergland (›Tra Mare e Monti‹ sowie ›Da Paese a Paese‹). Alle Routen kann man auch abschnittsweise laufen, für einen Tag oder ein paar Stunden. Braune Tafeln mit

Reiseinfos von A bis Z

Der Umwelt zuliebe – nachhaltig reisen

Korsika, die ›Ile de la Beauté‹ (Insel der Schönheit), braucht sensible Touristen: An den Stränden und Rastplätzen unterwegs keinen Abfall liegen lassen. Nicht wild zelten.
Bei Wanderungen auf dem Weg bleiben: Abkürzer verursachen Erosionsschäden. Zaungatter oder Tore wieder schließen: Irgendwo weidet Vieh, das entlaufen kann.
Seltene und geschützte Pflanzen nicht pflücken. Dasselbe gilt für Korallen, die rund um Korsika durch Taucher bereits extrem dezimiert wurden. Auch auf den Kauf von Korallenschmuck sollte man verzichten.
Wildbäche, in denen überall gebadet werden kann, nicht umbauen oder stauen.
Keinesfalls im Freien Feuer machen oder Zigaretten achtlos wegwerfen. Bei Ausbruch oder Wahrnehmung eines Feuers sofort einen Ortskundigen infomieren.

Ziel- und Zeitangabe und Markierungen weisen die Richtung.
Wanderwetter: Für längere Wanderungen im Hochgebirge ist das Einholen einer Wettervorhersage unabdingbar (Météo France, Tel. 08 92 68 02 20).
Wanderkarten: Im Maßstab 1:25 000 vom Institut Géographique National (IGN, im Internet: www.ign.fr), erhältlich in Buchhandlungen und Fremdenverkehrsämtern.
Wanderführer: In unserem in der Reihe DuMont aktiv erschienenen Band »Wandern auf Korsika« finden Sie 35 relativ einfache Halbtages- und Ganztagestouren mit Karten und Höhenprofilen.
Gîtes d'étape: Die ländlichen Herbergen sind für Fernwanderer eingerichtet, stehen aber auch Rad- und Autofahrern offen. Man kann günstig in Mehrbettzimmern übernachten (selten in DZ) und bekommt wahlweise Abendessen und Frühstück. Einige bieten auch die Möglichkeit, auf dem Grundstück zu zelten. Eine Liste von Herbergen und Hütten für Wanderer gibt es bei der Regionalparkbehörde (s. S. 20), die auch Auskünfte über Zustand und Schwierigkeit der Wege erteilt.

Wellness
Korsika bietet Wellness zum Selbermachen ohne Aufpreis – die gute Luft der Berge, die heilende Jodluft am Meeresrand, heißen Sand zur Lockerung der Rückenmuskulatur. Ab 400 € pro Tag und Person kann man im einzigen Thalasso-Hotel der Insel in Porticcio Fitness und Schönheit perfektionieren. Einfach ausgestattete Bäder mit Thermalquellen gibt es in Guagno-les-Bains, Pietrapola, Baracci und Taccana. Das mit ca. 40 °C aus dem Boden austretende Heilwasser hilft in erster Linie gegen Gelenk- und Knochenleiden, Atemwegs- und Hauterkrankungen.

Telefon und Internet

Vorwahlen
Frankreich: 00 33
Deutschland: 00 49
Österreich: 00 43
Schweiz: 00 41
Das Gros der Telefonzellen funktioniert per Telefonkarte *(télecarte)*, die es mit 50 und 100 Einheiten in Supermärkten, Tabakläden *(tabac)* und am Zeitungskiosk gibt. Für Gespräche auf Korsika

Reiseinfos von A bis Z

wird die vollständige zehnstellige Nummer gewählt, bei Gesprächen aus dem Ausland nach Korsika die Landesvorwahl für Frankreich, dann die Rufnummer ohne die Anfangs-Null.

Cybercafés und Cyberclubs

So heißen in Frankreich die Internetcafés, in denen man Mails checken und die Lieben daheim auf dem Laufenden halten kann. Es gibt sie in Ajaccio, Bastia, Calvi, Corte, Sartène und Porto-Vecchio und es werden ständig mehr. Die Offices de Tourisme geben Auskunft, wo sie zu finden sind.

Verkehrsmittel

Auto

Abgesehen von den zur Route Nationale ausgebauten Strecken sind die Straßen kurvig, eng, oft unmarkiert und zum Abhang hin nicht begrenzt. Rechnen Sie deshalb mit einer Reisegeschwindigkeit von ungefähr 40 km/h, nicht mehr. Die ortskundigen Korsen fahren in der Regel viel schneller, am besten rechts ranfahren und sich überholen lassen. Wohnmobilfahrer sollten sich vor Ausflügen erkundigen, ob die geplante Route breit genug ausgebaut ist. Tankstellen sind im Inland eher spärlich gesät; daher vor längeren Ausflügen unbedingt den Tank auffüllen.

Verkehrsregeln: Höchstgeschwindigkeit auf Landstraßen 90 km/h, auf Schnellstraßen 110 km/h, in Ortschaften 50 km/h. Es besteht Anschnallpflicht, die Promillegrenze liegt bei 0,5. Vor unübersichtlichen Kurven ist Hupen erlaubt.

Mietwagen: Zu mieten an den Flughäfen, in größeren Städten und in einigen Hotels und Feriendörfern. Das Angebot reicht vom Kleinwagen bis zum Kleinbus. Wer für eine Woche oder mehr mieten will, bucht am besten von zu Hause aus.

Motorrad

Motorradfahrern bietet die Insel der Berge, Täler und Kurven ein ideales Terrain. In vielen Orten kann man Roller und Mopeds mieten, Anfänger seien jedoch gewarnt, es braucht Übung, die steilen, gewundenen, vielerorts schlecht gepflasterten Straßen zu fahren. Vor allem bei Nässe können sie gefährlich werden.

Bahn

Die korsische Schmalspurbahn schaukelt auf eingleisiger Strecke in gemächlichem Tempo über den Rücken der Insel durch Tunnels und über abenteuerliche Viadukte. Die Züge Ajaccio–Bastia verkehren viermal tgl. in beiden Richtungen, Fahrzeit für die 158 km knapp 4 Std. In Ponte-Leccia gibt es zweimal tgl. Anschluss von und nach Calvi, Fahrzeit 90 Min. Auf der Strecke Bastia–Casamozza (21 km) dient die Bahn als Vorortzug, der auch von Pendlern genutzt wird. Fahrpläne *(horaires)* erhält man an den Bahnhöfen *(gare)*, in den Offices de Tourisme und im Internet unter www.train-corse.com.

Tramway de Balagne: Auf der Strecke Calvi–L'Ile-Rousse verkehrt eine Pendelbahn von Bucht zu Bucht, die auf 22 km bis zu 21-mal hält. In der Hauptsaison verkehrt sie 15-mal am Tag, sonst zehnmal. An den Bedarfshaltestellen brauchen Sie nur zu winken, damit der Zug hält.

Bus

Viele öffentlichen Busse verkehren nur ein- oder zweimal am Tag von Ort zu Ort, sodass Fahrten gut geplant sein wollen. Informationen an den Busbahnhöfen *(gares routières)* oder im Internet unter www.corsicabus.org.

Unterwegs auf Korsika

Die Straße ist schmal und kurvig, jederzeit können Wildschweine oder Jäger auftauchen, aber nicht nur aus Vorsicht haben wir ständig den Fuß auf der Bremse. Ein neuer Blickwinkel, das Verschiebespiel der Landzungen, ein irrer Lichteffekt kann plötzlich Begeisterung auslösen: Halt! Aussteigen! Foto!

Der Nordosten

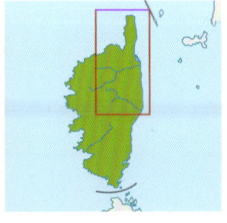

Cap Corse ▶ F 1–3

Der Finger Korsikas, der Richtung Genua – der alten Fremdmacht – zu zeigen scheint, ist Korsika en miniature. Ein Bergqrat, 40 km lang und 10 bis 15 km breit, durchzieht die Halbinsel, die nach Osten hin sanft, nach Westen hin steil ins Meer abfällt. Ohne große Höhenunterschiede windet sich eine gut ausgebaute Küstenstraße an den Felsen entlang, eine ideale Ausflugsroute, die von Bastia bis Saint-Florent 110 km lang mit atemberaubenden Szenerien beglückt. Zu entdecken gibt es Sand- und Kiesstrände, malerische Marinas (Erbalunga, Centuri) und schroff aufragende Bergdörfer (Rogliano, Pino) mit alten, verwilderten Terrassenkulturen. Seit fast 200 Jahren leiden die einst blühenden Dörfer der Halbinsel unter Bevölkerungsschwund, in einigen zeugen ›amerikanische‹ Häuser vom Reichtum, mit dem die Auswanderer zurückkehrten, viele machen heute einen verlassenen Eindruck.

Tour de Sénèque ▶ F 1

Die Querstraße, die von Santa Severa über Luri an die Westseite des Kaps führt, ist eine reizvolle Abkürzung mit mehreren Höhenwanderwegen. Am Pass Col de Sainte-Lucie (381 m) geht eine Piste links ab Richtung Seneca-Turm (Fußweg 30 Min., Panoramablick), einst Donjon des Schlosses und nur der Sage nach Aufenthaltsort des römischen Philosophen.

Monte Stello ▶ F 2

6 km nördlich von Bastia führt bei Lavasina die D 54 bergan nach Pozzo, dort am Kapuzinerkloster links zur Piazza Santa Catalina. Von hier geht es zu Fuß (hin und zurück 6 Std.) auf den mit 1307 m höchsten Berg des Cap Corse. Bei Sonnenschein (mit Kopfbedeckung und Wasservorrat) wegen der grandiosen Rundsicht empfehlenswert.

Nonza ▶ F 2

Um einen Felsen mit viereckigem Wehrturm drängen sich schiefergedeckte Häuser in engen Gassen am Steilhang über Meer und schwarzem Strand. Von der Tour Paoline, 1760 auf Anweisung Paolis über dem alten Genueserfort erbaut, fantastischer Ausblick. Die Barockkirche Sainte-Julie birgt eine naive Darstellung der gekreuzigten hl. Julia, einer frühchristlichen Märtyrerin. Hinter der Kirche gibt es ein kleines Museum für die korsische Zitrusfrucht *cédrat*, von der Anfang des 20. Jh. 10 000 t jährlich exportiert wurden (Di–So 10–13, tgl. 15.30–17.30 bzw. Juli–Aug. 18–20 Uhr). An der Treppe gegenüber dem Kaufladen, die auf Hunderten Stufen zum Strand hinabführt, entspringt unter dem Dorf, wo nach der Legende der Henker die Brüste der Heiligen hinwarf, eine angeblich wundertätige Doppelquelle, die Fontaine Sainte-Julie.

Strände

Den längsten Sandstrand des Kaps hat **Marine de Pietracorbara**.

Cap Corse

Ebenfalls sandig, aber von angespülten Seegraspolstern übersät sind die Strände der Nordspitze: **Macinaggio**, **Barcaggio** und **Tollare**.

An der Ostküste gibt es am **Golfu Alisu** zwischen Pino und Centuri einen Sandstrand, sonst nur Kiesel- oder Geröllstrände. Badeschuhe empfehlen sich am schwarzen Strand von **Nonza**, der aus der Nähe betrachtet aus grünen und dunkelgrauen Schiefersteinen besteht und bei starker Brandung gefährlich ist (Unterströmung!).

Übernachten

Camping – Zwei schöne Zeltplätze sind **La Pietra** in Pietracorbara, Tel. 04 95 35 27 49, und **La Stella** in Marine de Farinole, Tel. 04 95 37 14 37. Beide nehmen allerdings keine Reservierung entgegen.

Essen und Trinken

Langustenspezialist – **Le Langoustier**: Centuri-Port, Tel. 04 95 35 64 98, Menüs 17–50 €, Kindermenü 12 €. Seit drei Fischergenerationen *die* Adresse für frische Fische und Krustentiere und trotz großer Resonanz immer noch schlicht und authentisch, nicht zuletzt dank der Lage direkt am Hafen.

Charmante Auberge – **Au Bon Clocher**: Canari, Tel. 04 95 37 80 15, www.aubonclocher.fr, Menü 17 €. Am Platz mit dem Glockenturm sitzt man beschaulich, auf der Speisekarte tgl. marktfrische Gerichte (v. a. Fisch). Mit Hotel (DZ 55–65 €).

Sport und Aktivitäten

Wandern und Baden – **Zöllnerpfad**: direkt 1 ▶ S. 32.

Für Entdecker – **Les jardins traditionnels du Cap Corse**: D180, Luri, zwischen Campo und Piazza, Tel. 04 95 35 05 07, www.lesjardinstraditionnelsducapcorse.org, Mai–Okt. Mo–Sa 9–18 Uhr, 5 €. Lokale Obst- und Gemüsesorten wie Luri-Aubergine und Sisco-Zwiebel auf 3 ha großem Areal. Rundgang und Degustation, unter der Woche vormittags auch Biomarkt. ▷ S. 35

Den leckersten Fisch gibt es in Centuri-Port vor romantischer Kulisse

1 | Von Turm zu Turm – der Zöllnerpfad von Macinaggio

Karte: ▶ F 1 | **Tagesausflug:** Reine Wanderzeit ab/bis Macinaggio ca. 2 ½ Std.

An der Nordspitze Korsikas häufen sich die Inseln und Wachttürme, die von Bucht zu Bucht in veränderten Perspektiven auftauchen. Eine Küstenwanderung auf den Spuren der Zöllner gewährt Einblicke in den Verlauf des genuesischen Verteidigungsgürtels und führt zu reizvollen Badestellen.

Zwischen Italien und Korsika erstreckt sich eine Inselkette, deren östlichstes Glied Capraia gerade einmal 25 km vom Cap Corse entfernt liegt. Dem korsischen ›Kontinent‹ ist wiederum ein Inselgrüppchen (Finocchiarola-Inseln) vorgelagert, das wie eine Miniaturausgabe des toskanischen Archipels anmutet. Es besteht aus drei Felsen, wobei der höchste 27 m über dem Meeresspiegel aufragt und die Ruine eines Genueserturms trägt. Weitere Türme folgen der Küstenlinie.

Macinaggio und Rogliano

An der Nordspitze des Cap Corse liegt dort, wo die Straße (D 80) landeinwärts schwenkt, Macinaggio. Das Leben konzentriert sich um den Jachthafen, in dem bis zu 200 Boote ankern können, rundum Cafés, Restaurants, Geschäfte. Berühmte Leute hat dieser Hafen schon gesehen – Paoli, Napoleon, Kaiserin Eugénie – und doch wirkt er geschichtslos im Vergleich zu Rogliano, der auf der Gebirgskuppe liegenden Hauptgemeinde mit ihren Burgruinen, Kirchen, Familiengräbern. Sie war der Sitz des Adelsgeschlechts der Da Mare, dem zu Genueserzeiten der größte Teil des Cap Corse gehörte und das seit dem 12. Jh. in Rogliano residierte. Eine Nebenstraße führt hinauf, und eindrucksvoller als die mittelalterlichen Mauerreste ist der feudale Blick. Sechs Weiler gruppieren sich um den Adelssitz und an der Küste reihen sich die Wehrtürme aneinander, die die Da Mare mit den Abgaben ihrer

1 | Der Zöllnerpfad von Macinaggio

Untertanen erbauen ließen. Die Turmwächterkonzession bekam ein Fischer aus dem Ortsteil Macinaggio zugesprochen, sofern er kostenlos die Transportaufgaben übernahm. Ferner musste er nicht nur die Küstenüberwachung übernehmen, sondern auch das Eintreiben von Zöllen und Steuern, die für die Aus- und Einfuhr von Gütern, die Durchfahrt und das Ankern im Hafen fällig wurden.

Finocchiarola-Archipel

Der ›Zöllnerpfad‹ (Sentier des Douaniers) beginnt beim Campingplatz **U Stazzu** 1 und folgt bis zur **Tamarone-Bucht** 2 einem Fahrweg, der motorisierten Badegästen eine halbe Stunde Fußmarsch erspart. Der Strand von Tamarone ist ein beliebter Badeplatz mit Strandbar und eindrucksvoller Inselkulisse. Draußen in der Bucht liegen die **Finocchiarola-Inseln** 3, drei Eilande, die zusammen gerade einmal 3 ha groß sind. **Terra** (am küstennächsten), **Mezzana** (in der Mitte) und **Finocchiarola** (außen) waren vor über 3000 Jahren Hügelspitzen, die durch das Ansteigen des Meeresspiegels vom Land abgetrennt wurden. Es haben sich deshalb auf den Inselchen Unterarten von Eidechsen und Geckos entwickelt.

Buchten, Kaps und Türme

Der Zöllnerpfad ist gut beschildert und markiert. Nach Überschreiten eines aus der Macchia strömenden Rinnsals kommen Sie an eine Gabelung: Links führt ein Weg landeinwärts, rechts der Zöllnerpfad weiter die Küste entlang auf den Archipel zu. Es geht auf und ab und bald schwenkt der Weg 50 m über dem Meer in die nächste Bucht hinüber, wo sich ein neues, nicht weniger spektakuläres Panorama darbietet. Eine grüne Turmruine, die **Tour di Santa Maria** 4, steigt aus dem türkisblauen Wasser empor, und über dem bizarren Bauwerk

> **Übrigens:** Seit 1987 sind die Iles Finocchiarola ein Vogelschutzgebiet, das vom 1. März bis zum 31. August niemand betreten darf. Hier brütet die seltene **Korallenmöwe**. Wenn im Mai die Eier gelegt werden, schlüpfen die Jungen im Juni aus und sind einen Monat später flugfähig. Die Altvögel lassen sich gut beim Fischen beobachten, wenn sie im flachen Winkel herabgleiten und den Kopf ins Wasser tauchen. Man erkennt sie an dem korallenroten, schwarz gestreiften Schnabel und den schwarzen Flügelspitzen mit den weißen Flecken.

staffeln sich mehrere Buchten bis zur äußersten Nordspitze des Kaps, wo sich der letzte Felsvorsprung Pointe d'Agnello und die Felseninsel Giraglia optisch zusammenschieben und drei Türme auszumachen sind. Abgesehen vom später errichteten Leuchtturm stammen alle Wachtürme aus Genueserzeit, und man erkennt den Verteidigungsgürtel, die *difesa torregiana*, zu dem auch noch die beiden Türme der Insel Capraia gehören. Wenn Sie sich sattgesehen haben, gehen Sie hinunter in die Bucht von Santa Maria, wo Sie sich vor der Turmruine in kristallklarem Wasser erfrischen können.

Ein Weinberg

Die Wanderung dauert von Macinaggio knapp 1½ Std., von der Tamarone-Bucht etwas unter 1 Std. Man kann den Zöllnerpfad noch bis Centuri weitergehen, eine 8-Stunden-Tour, die durch das Naturschutzgebiet La Capandula führt. Tagesausflügler kehren an der Tour di Santa Maria nach einer Picknickpause am Strand wieder um und gehen am Weinberg vorbei auf direktem Weg zurück zur Tamarone-Bucht und nach Ma-

Der Nordosten

Cinquagio. Manch einen reizt es jetzt, den Wein zu verkosten, der hinter der Turmruine gedeiht, wo seit 1959 auf 10 ha die für die schieferhaltigen Cap-Böden typischen weißen Rebsorten (Vermentino, Muscat) angebaut werden, seit einigen Jahren aber auch mit roten experimentiert wird. Der Weinberg gehört zur namhaften, 1050 gegründeten Winzerei Clos Nicrosi, die im Ort eine Verkaufsstelle hat. Vor Macinaggio wurden übrigens auf dem Meeresboden Hunderte von griechisch-römischen Amphoren gefunden, die darauf hindeuten, dass der Weinanbau am Cap Corse eine lange Tradition hat.

Infos
Office de Tourisme: am Südende des Hafens, Tel. 04 95 35 40 34, www.ot-rogliano-macinaggio.com, in der Saison Mo–Sa 9–12, 14–19, So 9–12 Uhr, sonst Mo–Fr 9–12, 14–17, Sa 9–12 Uhr. Sie erhalten ein Faltblatt mit Karte und Etappenangaben sowie nützliche Informationen für den Aktivurlaub.

Wein degustieren und kaufen
Der sehenswerte Weinkeller des **Clos Nicrosi** 1 befindet sich im Stammhaus (19.Jh.) in Vignale. Der **Shop** 1 (in der Saison tgl. geöffnet, sonst Mo–Sa 10–12.30 und 15–18 Uhr), in dem Sie Wein degustieren und kaufen können, liegt gegenüber dem Hotel U Ricordu in Macinaggio.

Im Dorf einkehren
Wenn Sie an der Nordspitze etwas länger bleiben wollen, empfiehlt sich das Hotel-Restaurant **U Sant'Agnellu** 2 (Tel. 04 95 35 40 59, www.hotel-usantagnellu.com, Menü 20 €, DZ 90–150 €.) in Bettolacce/Rogliano gleich neben der Kirche mit Panoramablick von der Terrasse und den meisten Zimmern.

Infos und Termine

Touristeninformation: Maison du Cap Corse, am nördlichen Ende von Bastia, Ville-di-Pietrabugno, Tel. 04 95 32 01 00, www.destination-cap-corse.com. Sehr informativ!

Foire du vin: Erstes Juliwochenende in Luri, buntes Markttreiben rund um den Weinbau am nördlichen Kap.

Karfreitag: Von der Kirche Saint-Erasme in Erbalunga startet die berühmte Prozession ›La Cerca‹, bei der die Männer ein 40 kg und die Frauen ein 20 kg schweres Kreuz durch alle Weiler Brandos tragen.

Bastia ▶ F 3, Cityplan S. 37

Bastia (54 000 Einw.), die Hauptstadt des Départements Haute-Corse, ist ein modernes Wirtschafts- und Handelszentrum. 60 % des gesamten Güter- und Personenverkehrs werden hier abgewickelt. Der neue Hafen, der Bahnhof, die Place St-Nicolas, der Boulevard Paoli und seine prächtigen Bürgerhäuser zeugen vom Boom der Gründerzeit, der im 20. Jh. noch eine Potenzierung erfuhr: Flughafen, *zone industrielle*, Ausdehnung der Agglomeration bis weit nach Süden. Der Stadtkern freilich hat seinen barock-mediterranen Charakter bewahrt und die Altstadt zeugt von der Vergangenheit, als Bastia eine Hafensiedlung war (Terra Vecchia), über der eine Zitadelle zur schachbrettartigen Oberstadt (Terra Nova) ausgebaut wurde. Namensgeber ist übrigens die Festung (Bastion, Bastei), die der genuesische Gouverneur Leonello Lomellini 1380 errichten ließ.

Die früh anlandenden Touristen erleben die Stadt im freundlichen Morgenlicht und nehmen ihr Frühstück auf der Place St-Nicolas. Bastias größter Platz liegt gleich gegenüber dem Fährhafen mit einer Tiefgarage darunter, die das von Platanen und Palmen bestandene Areal von Fahrzeugen frei hält. Zum Meer hin offen und stadteinwärts von hohen Bürgerhäusern mit Straßencafés gesäumt, ist die Esplanade mit ihrem Musikpavillon und der Napoleonstatue eine große Bühne für kleine Szenen: Kinder rennen umher, alte Männer spielen Boule, Mütter treffen sich zum Plausch. Noch malerischer, aber auch touristischer ist das Flair am alten Hafen. Noch einmal ganz anders, verschlossen und in sich gekehrt, ist Bastia oben in den Gassen der Zitadelle.

Chapelle Saint-Roch 1 und Chapelle de l'Immaculée Conception 2

Rue Napoléon, beide tgl. 8–19 Uhr

Im alten Hafenviertel Terra Vecchia, wo die seit dem 14. Jh. erbauten Turmhäuser so eng stehen, dass durch die Gassen kaum Sonne nach unten dringt, liegen versteckt die beiden kleinen Barockkirchen (Ende 16., Anfang 17. Jh.). Beide sind innen mit Gold und rotem Damast prachtvoll ausgestattet.

Saint-Jean-Baptiste 3 und Vieux-Port 4

Kirche tgl. 8–12, Mo–Sa 15–19 Uhr

Die größte Kirche Korsikas prägt mit ihrer breiten Barockfassade und den steil aufragenden Glockentürmen das Stadtbild. Im Innern prunkt der 1666 vollendete Sakralbau mit vergoldetem Stuck und mehrfarbigem Marmor. Die Fassade gehört unverzichtbar zur Kulisse des alten Hafens, an dem sich dicht an dicht Lokale und Souvenirläden reihen. Er wird von zwei Molen eingefasst, der **Môle Génois** und der **Jetée du Dragon** (mit Leuchtturm). Von Letzterer ist der Blick auf den Hafen und die Zitadelle besonders schön, vor allem im Morgenlicht.

Bastia

Sehenswert
1. Chapelle Saint-Roch
2. Chapelle de l'Immaculée Conception
3. Saint-Jean-Baptiste
4. Vieux-Port
5. Palais des Gouverneurs
6. Cathédrale Sainte-Marie-de-l'Assomption
7. Chapelle Sainte-Croix

Übernachten
1. Hôtel les Voyageurs
2. Hôtel Pietracap
3. Camping San Damiano

Essen und Trinken
1. Le Palais des Glaces
2. Le Colomba
3. A Casarella
4. Glacerie Serge Raugi

Einkaufen
1. Bauernmarkt
2. Flohmarkt
3. Mattei
4. Coutellerie Antonioni

Ausgehen
1. Pub Assunta
2. Apocalypse

Sport und Aktivitäten
1. Club nautique bastiais
2. Etang de Biguglia

Palais des Gouverneurs und Musée de Bastia

Pl. du Donjon, Tel. 04 95 31 09 12, Juli–Mitte Sept. Di–So 10–19.30 Uhr, Mitte Sept.–Okt. und April–Juni 10–12, 13–18 Uhr, sonst kürzer, 5 €

Gleich am Eingang der ummauerten Zitadelle steht der Gouverneurspalast, vom 15. bis 18. Jh. Sitz des genuesischen Statthalters. Im restaurierten Gebäudekomplex ist das Musée de Bastia untergebracht. Dieses stadtgeschichtliche Museum widmet sich drei Themenbereichen: Städtebau, wirtschaftliche und politische Bedeutung sowie Kultur.

Cathédrale Sainte-Marie-de-l'Assomption

Tgl. 8–12, Mo–Sa 14–17.30 Uhr

Die 1495 erbaute Kirche wurde Anfang des 17. Jh. in barocker Üppigkeit ausgestattet: Säulen aus falschem Marmor, Marienstatue in massivem Silber.

Chapelle Sainte-Croix

Mai–Sept. Mo–Sa 9–12, 15–19 Uhr, Okt.–April Mo–Sa 9–12, 14–17 Uhr

Ihren Namen erhielt die ehemalige Bruderschaftskirche nach dem Kruzifix in der rechten Seitenkapelle, das Fischer im 15. Jh. in einem Lichterkranz im Meer schwimmend gefunden haben. Besonders prunkvoll ist das Rokoko-Deckengewölbe.

Übernachten

Städtische Eleganz – **Hôtel les Voyageurs**: 9, av. Maréchal Sebastiani, Tel. 04 95 34 90 80, www.hotel-lesvoyageurs.com, DZ 75–115 €. Komfortable Unterkunft im Zentrum mit hellen, modern eingerichteten Zimmern.

Garten und Meer – **Hôtel Pietracap**: Pietranera, 3 km nördlich über die D 80/D 131, Tel. 04 95 31 64 63, www.hotel-pietracap.com, April–Nov., Nebensaison DZ 95–135 €, Hauptsaison 135–200 €. In einem gepflegten Garten mit Swimmingpool, von den Fenstern fantastischer Blick übers Meer.

Unter Pinien – **Camping San Damiano**: Biguglia, 9 km südlich an der D 107, Tel. 04 95 33 68 02, www.campingsandamiano.com, April–Okt., 16–24 € für 2 P. Ein schattiger Platz unter Pinien direkt am langen Strand vor der Lagune. Mit Restaurant, Bar, Lebensmittelgeschäft. Auch Bungalows zu mieten (für 2 P. 364–644 € p. Woche).

Essen und Trinken

Auf der Esplanade – **Le Palais des Glaces**: 13, bd. du Général de Gaulle, Tel. 04 95 31 05 01, Mai–Sept.

Der Nordosten

tgl. 7–2 Uhr, Okt.–April abends geschlossen. Brasserie mit großer Terrasse auf der Place Saint-Nicolas: Man sitzt in bequemen Korbstühlen und bekommt günstig Salate und Tagesteller.

Pizza pittoresk – **Le Colomba** 2: Vieux-Port, Tel. 04 95 32 79 14. Die Pizzeria mit ihrer langen Terrasse direkt am alten Hafen ist bei den Einheimischen sehr beliebt, herzlicher Service. Pizza 7–10 €, Menüs 12–16 €.

Spezialität Hafenblick – **A Casarella** 3: In der Zitadelle, 6, rue Ste-Croix, Tel. 04 95 32 02 32, Hauptsaison tgl., sonst So und Mo mittags geschlossen. Schöne Terrassenplätze. Zum Traumblick gibt es sorgfältig zubereitete korsische Spezialitäten (*assiette découverte* 18 €).

Kühle Parfüms – **Glacerie Serge Raugi** 4: 2, rue Capanelle, Di–So Sommer 9–2, Winter 9–22 Uhr. Hausgemachtes Speiseeis in leckeren Sorten.

Einkaufen

Haupteinkaufsstraße ist der Boulevard Paoli, Läden für den Alltagsbedarf gibt es auch rund um die Place de l'Hôtel de Ville.

Märkte – Sa und So vormittags findet auf der Place de l'Hôtel de Ville ein großer **Bauernmarkt** 1 statt, So vormittags ein **Flohmarkt** 2 auf der Place St-Nicolas.

100 Jahre Spirituosen – **Mattei** 3: 15, bd. du Général de Gaulle. Traditionsgeschäft mit gediegenem Charme, in dem neben dem berühmten Kräuteraperitif Cap Corse auch Orangen-, Pfirsich-, Brombeerwein und vieles mehr gehandelt wird.

U stilettu – **Coutellerie Antonioni** 4: 33, rue du Chanoine-Letteron, tgl. 9–12, 15–18 Uhr. In der Zitadelle gibt es einen der besten und letzten Hersteller original korsischer Stilettmesser.

Das lebendige Mittelmeer-Flair in Bastias Vieux-Port lockt viele Besucher an

Bastia

Ausgehen
In den Cafés an der Place St-Nicolas ist zwischen 17 und 19 Uhr kaum ein Platz zu bekommen. An Sommerabenden wirds dort sowie in der Rue Napoléon Musik und Straßentheater geboten. Lebendiges Treiben auch rund um den Vieux-Port.

Kapellentreff – **Pub Assunta** **1**: 4, rue Fontaine-Neuve, Mo–Sa 11–15, 18–2 Uhr, So nur abends. Videoclips und Livemusik in den Gewölben einer umgewandelten alten Kapelle. Viel korsische Jugend, Billard, Imbiss.

Disco am Teich – **Apocalypse** **2**: Cordon Lagunaire de la Marana, am Etang de Biguglia, Tel. 04 95 33 36 83, Fr/Sa ab 22 Uhr. Tanz bis in die frühen Morgenstunden in der größten Diskothek der Gegend.

Sport und Aktivitäten
Wassersport – **Club nautique bastiais** **1**: Quai du Sud, Vieux-Port, www.club-nautique-bastia.fr. Ausflüge mit Katamaran und Meerkajak.

Vögel beobachten – **Etang de Biguglia** **2**: Südlich, von der N 193 über die Abfahrt nach Marana am Kreisel von Furiani zu erreichen, beginnt der lange Sandstrandgürtel entlang dieses Naturschutzgebiets. Die geschützte Lagune mit einem Meerwasserzufluss im Norden ist die größte Korsikas. Hier leben und nisten über 100 Vogelarten, Schildkröten legen ihre Eier ab, es gedeihen seltene Pflanzen, und mehr als anderswo lohnt es, einen Feldstecher dabeizuhaben.

Infos und Termine
Office du Tourisme: Pl. St-Nicolas (Nordende), Tel. 04 95 54 20 40, www.bastia-tourisme.com, im Sommer tgl. 8–20 Uhr.

Bahn: 4 x tgl. Richtung Ajaccio (über Corte), 2 x tgl. Richtung Calvi.

Die **Brauerei Pietra** in Furiani südlich von Bastia (Route de la Marana, am Kreisel Richtung Küste, www.brasseriepietra.com) bietet in der Saison kostenlose Führungen an. Neben dem berühmten Kastanienbier werden auch das helle ›Serena‹, das mit Macchiakräutern gewürzte ›Colomba‹ und eine ›Corsica Cola‹ produziert.

Bus: Linienbusse in alle Richtungen, Verbindungen auf www.corsicabus.org.

Flughafen: 20 km südlich der Stadt, Busse vom/zum Flughafen verkehren 6–8 x tgl.; ca. ½ Std., 9 €.

Granitola: Am Karfreitag, mittelalterliche Büßerprozession von der Kirche St-Jean-Baptiste zum Hafenviertel.

Relève des Gouverneurs: Am zweiten oder dritten Samstag im Juli am Vieux-Port. Historienspektakel zur Ablösung der Gouverneure.

Musicales de Bastia: Mitte Okt., www.musicales-de-bastia.com. Breit gefächertes Musikfestival (Klassik, Jazz, Chanson, Ballett, Theater).

U Mercà di Natale: Weihnachtsmarkt auf der Place St-Nicolas.

In der Umgebung
Eine Fahrt auf den **Serra di Pigno** (▶ F 3), den 960 m hohen Hausberg von Bastia, ist besonders schön gegen Abend. Der Rundblick reicht über zwei Küsten und bis zum Cap Corse. Anfahrt über die D 81 auf den Col de Teghime, dann auf der D 338 zum Gipfel.

Mit herrlichem Blick über das Nebbio und den Golf von Saint-Florent thront die Kirche **San Michele de Murato** (▶ F 4) einsam auf einem Bergsattel (475 m). Ihr Turm wurde im 19. Jh. erhöht, das Schiff mit dem schön gefügten, grünweißen Mauerwerk und den naiven Skulpturen ist von 1280. Zu er-

Der Nordosten

reichen über die N 193 und D 62 (schmal, aber mit hübscher Aussicht) oder D 82 (schneller) zum Kreisel auf dem Col de Stefano, dann 5 km auf der D 5. Zum kulturellen Genuss kommt das kulinarische Erlebnis im **Restaurant Le But** im Ort Murato, Tel. 04 95 37 60 92, www.restaurant-lebut.fr, Feb.–Dez. Di–So. Das stimmungsvolle Lokal hat viele korsische Stammgäste – am besten ein paar Tage im Voraus reservieren. Das Menü (32 €, Wein inkl.) ist köstlich und üppig.

An der D 107 in der Nähe des Flughafens steht die pisanische Kirche **Santa Maria Assunta** (▶ G 4), genannt La Canonica, aus hellem, mehrfarbigem Stein am Ufer des Golo auf freiem Feld. Unmittelbar daneben hat man Reste der römischen Siedlung **La Mariana** ausgegraben: Mosaikböden mit christlichen Symbolen, ein Taufbecken, Mauerreste.

Weingenießer schließlich können von Bastia (oder von Saint-Florent) eine Tour zum besten **Wein** der Insel unternehmen (direkt 2 ▶ S. 41).

Saint-Florent ▶ F 3

Zwischen dem Cap Corse und dem fast unbesiedelten Désert des Agriates liegt die kleine Hauptstadt (4200 Einwohner) der Region Nebbio am weiten Golf, der ihren Namen trägt. Das Hafenstädtchen, seines mediterranen Flairs wegen gern das ›korsische Saint-Tropez‹ genannt, ist ein lebendiges Zentrum des Wassersports und des Badetourismus. Während sich die Autos auf der Hauptstraße durch den Ort schieben, wird an der zentralen Place des Portes in aller Seelenruhe Boule gespielt. Hier beginnt die Altstadt, deren munteres Gassengewirr unterhalb der Zitadelle auf die Place Doria zuläuft.

Zitadelle
Zugang über die Place Doria, Juli–Aug., 1 €
Von der 1439 errichteten Festung ist außer dem runden Donjon und der Mauer zum Meer nur noch wenig zu sehen. Die Festung wurde im 17. Jh. geschleift, als Genuas Herrschaft gesichert schien und Saint-Florent keine strategische Bedeutung mehr besaß. Der Blick auf die Altstadt und die Landschaft ringsum ist großartig.

Marina
Der Jachthafen an der Aliso-Mündung ist mit seinen Restaurants am Kai, den kleinen Geschäften, den schattigen Platanen vor den Fassaden und dem klaren türkisfarbenen Wasser unter den stattlichen Bootsrümpfen der Blickfang von Saint-Florent.

Santa Maria Assunta
1 km außerhalb an der D 238, Juli–Aug., Mo–Fr 9–12, 15.30–18.45, Sa 9–12 Uhr, 1 €
Die kleine pisanische Kirche, Anfang des 12. Jh. als Kathedrale für das damalige Bistum Nebbio errichtet, imponiert durch ihren harmonischen Bau, die schön gefügten hellen Kalksteinblöcke und die reiche Verzierung an der Westfassade. Die Kapitelle im sorgsam restaurierten Innenraum schmücken rührend-naive Tierdarstellungen.

Strände
Südlich des Ortes erstreckt sich die lange **Plage de la Roya** vor einer seichten Bucht, die ideale Bademöglichkeiten für Kinder bietet und dank der meist auflandigen Winde gern von Surfneulingen als Übungsfeld genutzt wird. Am Strand auch Bootsvermietung und Tauchcenter. Die übrigen Strände von Saint-Florent sind schmal und vielfach steinig. ▷ S. 44

2 | Sonne, Meer und Reben – die Weinstraße von Patrimonio

Karte: ▶ F 3 | **Pkw-Rundfahrt:** Ab/bis Bastia oder Saint-Florent 40 km

Patrimonio (wörtl. Besitz, Erbe) ist weniger ein Dorf als die Herkunftsbezeichnung für einen Wein, der sieben Gemeinden zu einer Mikroregion zusammenschließt. Sie liegt zwischen Hügeln über dem Golf von Saint-Florent und lässt sich auf der gut ausgeschilderten Weinstraße in einer reizvollen Rundtour erkunden.

33 Winzereibetriebe produzieren auf einer Anbaufläche von etwa 450 ha den wohl angesehensten Wein von Korsika, der als erster 1968 das AOC-Gütesiegel bekam.

Günstige Faktoren für den Weinanbau sind die hohe Sonnenscheindauer, ausreichend Niederschläge und ein Geländerelief, das eine ständige Meeresbrise garantiert, zugleich aber vor heftigem Wind schützt. Die Winzer bauen auf ihren Lehm-Kalk-Böden, zum Teil mit Mergel oder Schiefer untermischt, v. a. die bewährten traditionellen Rebsorten an. Das sind **Nielluccio** (der Zwillingsbruder des Sangiovese) für den Rot- und Roséwein, **Vermentinu** (auch korsischer Malvoisier genannt) für den Weißwein und **Muscat** für den Süßwein.

Fahrt durch den ›goldenen Kessel‹

Die Aussicht auf die Weinberge ist am eindrucksvollsten, wenn Sie von Bastia kommend auf dem **Col de Teghime** **1** (563 m) den Blick schweifen lassen. Vor Ihnen liegt der Golf von Saint-Florent und, von Bergen umkränzt, die Conca d'Oro (›goldener Kessel‹).

Fahren Sie begleitet von diesem Panorama die gewundene D 38 durch duftende Macchia Richtung Oletta. **Poggio d'Oletta** ist ein Bergdorf mit Winzern, die im Terrassenbau winzige Parzellen kultivieren und es alles ande-

Der Nordosten

re als leicht haben, sich gegen die übermächtige Konkurrenz der größeren Domänen zu behaupten. Vor dem Ort biegt im spitzen Winkel die D 238 Richtung Saint-Florent ab. Auf halber Strecke, etwa 3 km vor dem Meer, erreichen Sie die **Domaine Leccia** 2, eine der renommiertesten Kellereien der Gegend. Der 13 ha große Weinberg erstreckt sich auf Hängen zwischen 30 und 70 Höhenmetern beim Monte Sant´Angelo (354 m).

Am Ortseingang von Saint-Florent ist die Kirche **Santa Maria Assunta** 3 (s. S. 40) nicht zu übersehen, ein Juwel romanischer Baukunst.

Meernahe Weinberge

Die Rundfahrt auf der Weinstraße kann selbstverständlich auch in Saint-Florent beginnen, die oben beschriebene erste Etappe ist dann die letzte.

Fahren Sie von Saint-Florent auf der D 81 in nordöstlicher Richtung kurz am Meer entlang, bis die Straße am Strutta-Bach zwischen den Bergen in die Conca zurückführt.

In **Morta Majo**, dem ersten Weiler, geht es rechts zur **Domaine Orenga de Gaffory** 4, deren 65 ha große Anbaufläche sich zwischen Saint-Florent, Oletta, Patrimonio und Barbaggio über die ganze Conca verteilt. Eigenheiten und Tradition des Terroirs werden hier mit modernsten Vinifikationsmethoden kombiniert. Zur Kellerei mit Blick auf den markanten Monte Sant´Angelo gehört auch ein repräsentativer Bau für Gegenwartskunst (Espace d´Art contemporain), in dem interessante Wechselausstellungen gezeigt werden.

Einen halben Kilometer weiter auf der D 81 liegt am Kreisverkehr die **Domaine Arena** 5, deren Patron ein hervorragender Radrennfahrer war und inzwischen Medaillen für seine naturreinen Spitzenweine bekommt.

> **Übrigens:** In der Nähe der anthropomorphen Menhirstatue in Patrimonio befindet sich das Freilufttheater, in dem alljährlich Mitte Juli das internationale **Gitarrenfestival** stattfindet. Es ist mit erstklassigen Interpreten besetzt und dauert zwei Wochen – neben den Weinproben ein weiterer Grund sich länger als einen Tag in der Gegend aufzuhalten. Alle Infos, Preise und das Programm finden Sie unter www.festival-guitare-patrimonio.com.

Wenn Sie es nicht eilig haben, empfiehlt sich vor der Weiterfahrt nach Patrimonio der lohnende Abstecher Richtung **Marine de Farinole**, wo sich zwischen der Straße und dem Fium Albino der Weinberg der **Domaine de Catarelli** 6 bis zum Meer erstreckt, dessen Nähe sich in der Frische und Finesse der hier gekelterten Weine mitzuteilen scheint.

Weinproben und ein Menhir

Der Ort **Patrimonio**, zu dem elf Weiler gehören, ist keine charakteristische Ortschaft, sondern eher ein Treffpunkt und kommerzielles Zentrum mit einer Hauptstraße, an der einige Weingüter ihre *caveaux de dégustation* (Degustationskeller) betreiben und das demnächst ein ›Maison des Vins‹ bekommen soll. Die barocke Dorfkirche **San Martinu** (16. Jh) mit ihrem Glockenturm erhebt sich etwas abseits auf einer Anhöhe und erstrahlt im Abendlicht in warmen, goldgelben Tönen. Neben dem Kriegerdenkmal steht **U Nativu**, eine knapp 2,30 m hohe Menhirstatue mit menschlichen Zügen (man erkennt Schultern, Ohren, ein Kinn) aus Kalkstein, die 1964 in der Gemeinde Barbaggio entdeckt wurde und aus dem 1. Jt. v. Chr. stammt.

2 | Die Weinstraße von Patrimonio

Infos
Weinstraßen-Karte: Auf der Website des Office de Tourisme von Saint-Florent (www.corsica-saintflorent.com) können Sie die »Carte de la route des vins« herunterladen.
Domaine Leccia: Poggio d'Oletta (Morta-Piana), www.domaine-leccia.com, Mo–Sa 9–19, So 10–18 Uhr
Domaine Orenga de Gaffory: Patrimonio (Morta Majo), Tel. 04 95 37 45 00, www.domaine-orengadegaffory.com, tgl. 8.30–19.30 Uhr
Domaine Arena: Patrimonio (Morta Majo), Tel. 04 95 37 08 27, www.antoine-arena.fr
Domaine de Catarelli: Marine de Farinole, Tel. 04 95 37 02 84

Wein, Gesang und Grillgerichte
An der Hauptstraße von Patrimonio trifft man sich während der Sommersaison, d. h. von Mai bis Sept., in der **Osteria San Martinu** 1 (Tel. 04 95 37 11 93, Menü um 24 €). Das Herz der kleinen Gastwirtschaft schlägt auf der großen Terrasse mit Pergola, auf der gebrutzelt und getafelt wird. Zum Patrimonio-Wein gibt es schöne Grillteller.
Le Bartavin 2 (Tel. 04 95 38 37 94, Menü 15 €) im oberen Ortsteil hat ganzjährig geöffnet und lädt zur Weinprobe an der Theke oder im Wirtsgarten hinter dem Haus. Auf der Schiefertafel stehen die Tagesgerichte, gerne *grillades* oder Brocciu-Lasagne, ein Menü gibt es nur in der Wintersaison. Im Sommer wird jedes Wochenende abends Gesang und Gitarrenspiel geboten.

Für einen längeren Aufenthalt
Man kann schlecht bei fünf, sechs Winzern Wein verkosten und sicher die kurvige Rundtour absolvieren. Wer sorgfältig degustieren und planvoll einkaufen will, sucht sich daher am besten für ein, zwei Nächte ein Quartier.
In Patrimonio liegt 250 m hinter der Post rechts ab das Hotel **U Casone** 1 (Tel. 04 95 37 14 46, DZ 50–80 €), wo Sie mit Blick auf die Barockkirche in unterschiedlich geräumigen Zimmern preiswert übernachten und unter Kirschbäumen frühstücken können.
Im Ortsteil Santa Maria bietet das **Hôtel du Vignoble** 2, (Tel. 04 95 37 18 48, www.hotel-du-vignoble.com, DZ je nach Saison 60–100 €) im mediterranen Stil eingerichtete Zimmer und die Möglichkeit, Weine der Domaine Montemagni zu verkosten.
Camper finden am Strand von Catarelli in unmittelbarer Nähe des Weinguts den Zeltplatz **U Sole Marinu** 3 (Tel. 04 95 37 12 20, www.usolemarinu.com, Juni–15. Sept., 14–18 € für 2 P. mit Zelt).

Der Nordosten

Nicht leicht zugänglich, dafür aber umso schöner sind die Traumstrände im Gebiet des **Désert des Agriates** (direkt 3 ▶ S. 45), allen voran der Strand von **Saleccia**. Den Strand von **Loto** erreicht man zu Fuß vom westlichen Ende der Plage de la Roya in 4 ½ Stunden auf dem Sentier littoral oder mit dem Boot.

Übernachten

Im Park – **Motel Treperi:** An der D 81, 1,5 km Richtung Bastia, Tel. 04 95 37 40 20, Fax 04 95 37 04 61, März–Okt., DZ saisonabhängig 59–89 €. Eine komfortable Unterkunft bei freundlichen Wirtsleuten im 4 ha großen Park, jedes der 18 Zimmer mit eigener Terrasse. Tennisplatz und Swimmingpool.

Am Flussufer – **Camping La Pinède:** knapp 2 km außerhalb Richtung L'Ile-Rousse, hinter der Brücke links, Tel. 04 95 37 07 26, www.camping-la-pinede.com, Mai–Sept., 28–33 €, Reservierung möglich. 80 größtenteils schattige Plätze direkt am Aliso, 800 m zum Strand, Bungalowvermietung wochenweise (550–800 € je nach Größe und Saison). Pizzeria und Lebensmittelgeschäft.

Essen und Trinken

Weinprobe – **Le Mathurin Bara Vin:** Pl. Doria, Tel. 04 95 37 04 48, April–Sept. tgl. ab 16.30 Uhr, sonst Mi–Mo. Kleines Wein- und Imbisslokal, in dem die lokalen Gewächse glasweise bestellt werden können, dazu gibt es korsische Tapas.

Herzhaft und herzlich – **Ind'e Lucia:** Pl. Doria, Tel. 04 95 37 04 15, Juli–Okt. tgl. abends, sonst auch mittags. Menü 21,50 €. Korsische Gerichte, liebevoll zubereitet.

Fische überm Hafen – **La Rascasse:** Promenade des Quais, Tel. 04 95 37 06 99, Mitte Juni–Mitte Sept. tgl., Menü 38 €. Seit vielen Jahren eine beliebte Adresse für Liebhaber von Fisch und Krebsen. Von der Terrasse im ersten Stock tolle Aussicht über den Hafen.

Ausflug ins Hinterland – **A Magina:** Oletta, 9 km von Saint-Florent über die D 82, Tel. 04 95 39 01 01, Mitte Juni–Mitte Sept. tgl., sonst Di–So. Ausgezeichnete korsische Küche um die 20 € und dazu ein einmaliger Blick über das Tal und den Golf von Saint-Florent. In der Hauptsaison reservieren, um einen Platz mit Aussicht zu bekommen.

Ausgefallene Eissorten – **Salge et Fils:** Pl. des Portes. Vielleicht inselweit das beste, sicher aber das korsischste Eis mit Geschmacksrichtungen wie Brocciu, Kastanie, Myrthe.

Ausgehen

Draußen beim Kloster – **La Conca d'Oru:** Außerhalb von Saint-Florent an der D 82 Richtung Oletta, Tel. 04 95 39 00 46. Disco neben der Klosterruine, mit Brunnen und teilweise im Grünen.

In der Altstadt – **La Vista:** pl. Doria, in der Saison tgl. bis 5 Uhr. Disco und Pianobar in einem, das Publikum eher ab 30.

Sport und Aktivitäten

Abenteuersport – **Altore:** Plage de la Roya, Tel. 04 95 37 19 30, 06 08 72 67 19, www.altore.com, tgl. 9.30–12, 16–19 Uhr. Bei Weitem nicht die einzige, aber Saint-Florents vielseitigste Adresse für Abenteueraktivitäten vom Canyoning über Gleitschirmfliegen bis zu Meerkajak- und Reitausflügen.

Kundig tauchen – **Actisub:** Quai d'Aliso, Tel. 04 95 46 06 53, www.actisub.com, April–Okt. Tauchkurse auch für Kinder ab 8 Jahren. Im Angebot sind Tagesausflüge zu naturbelassenen Tauchplätzen vor dem Désert des Agriates (Rocher du Sphinx), aber auch zum Cap Corse (Nonza). ▷ S. 48

3 | Abstecher in die Wüste – Désert des Agriates

Karte: ▶ D/E 3 | **Lage:** Ostriconi-Mündung 34 km westlich von Saint-Florent, Wanderungen ab 1 ¼ Std.

Ein Atomversuchsgelände hat man aus der 160 km² großen Einöde dann doch nicht gemacht. Sie gehört heute den Naturliebhabern, die eine Mondlandschaft mit Mittelmeerflora durchqueren auf der Suche nach einsamen, garantiert unverbauten Stränden. Die Frage ist nur, wie kommt man hin?

›Agriata‹ war ein gescheiterter Siedlungsversuch am Meer, als zu Genueserzeiten der Anbau der Küstenzonen systematisch ausgeweitet wurde. Die heutige ›Wüste‹ war damals die Kornkammer Korsikas und im Winter Weideland. Sie diente als freies, gemeinsam genutztes Gebiet, ohne dass die arbeitende Landbevölkerung sich in den Weilern dauerhaft niederließ. Die Bauern und Hirten kamen aus angrenzenden Gebieten (Cap Corse, Ghjunsani, Asco-Tal) und hielten sich in den Agriates immer nur einen Teil des Jahres auf, die einen im Sommer, die andern im Winter, wechselnde Mannschaften, denen primitive Steinhütten als temporäre Quartiere dienten. Man sieht deshalb hier und da noch Ruinen mit eingefallenen Terrassendächern.

Verbindungs- und Aussichtsstraße

Das heute unbewohnte, nur von Campern tageweise aufgesuchte Steppengebiet liegt zwischen Saint-Florent und L'Ile-Rousse. Wohnhäuser stehen nur im küstenfernen **Casta** 1 an der D 81. Diese Straße ist die einzige Verbindungsstrecke, auf der man die ›Wüste‹ bequem durchqueren kann. Doch wenn Sie aus dem Wagen aussteigen, sehen Sie, dass es gar keine Wüste ist.

Der *maquis*, die Macchia, ein duftendes, vielfarbig blühendes Pflanzenkleid, bedeckt das Land, so weit das Auge reicht: Zistrosen, Myrte, Rosmarin, auch

Der Nordosten

Übrigens: Im Désert des Agriates gibt es kaum Schatten und keine Einkehrmöglichkeiten. Denken Sie daher unbedingt daran, Sonnenschutz und ausreichend Trinkwasser mitzunehmen. Außerdem ist festes Schuhwerk vonnöten, auch wenn es nur an den nächsten Strand gehen soll. Sehr hilfreich für die Tour ist die IGN-Karte 4249 OT »L'Ile-Rousse« (Maßstab 1:25 000).

Asphodelen, Nelken und Orchideen. Die trockene Felslandschaft mit Erhebungen von knapp über 400 m ist durchzogen von Bächen und kleinen Teichen.

Schöne Aussichtspunkte gibt es immer wieder zwischen Casta und **Bocca di Vezzu** [2], und es reizt Sie vielleicht, auf die Stichstraßen Richtung Meer abzubiegen. Doch Vorsicht: Die Lehmpisten sind nur für geländegängige Fahrzeuge im Schritttempo oder mit dem Mountainbike zu bewältigen und führen mit 12 bzw. 14 km Länge nicht gerade schnell ans Ziel.

Traumstrände und viel Einsamkeit

Für Wanderer kommen die Pisten wegen Brandgefahr nicht in Frage, abgesehen davon, dass Einsamkeit Suchende ihren Weg wohl nicht gerne mit lärmenden Staubaufwirblern teilen. Der **Fernwanderweg** führt weitgehend an der Küste entlang und ist nicht zuletzt dank weißer Sandstrände und unglaublich klarem Wasser ein gigantisches Naturerlebnis.

In drei Etappen kann man von Saint-Florent zur Plage de Saleccia (6 Std.), weiter zur Plage de Ghignu (3 Std.) und bis zur Ostriconi-Mündung (6 Std.) wandern und trifft auf der langen Strecke gelegentlich Gleichgesinnte.

Es gibt aber noch eine exquisite Möglichkeit, bequem und zudem rasch an einen Traumstrand zu kommen, denn im Sommer pendeln Boote von Saint-Florent zur **Plage de Loto** [3], und von dort ist es nur eine Stunde zu Fuß zur **Plage de Saleccia** [4], einer fast schon karibischen Idylle. Da das Paradies aber kein Geheimtipp ist, sind die Fans recht zahlreich, sodass sich hier im Sommer Jachten, FKKler und andere Sonnenanbeter tummeln.

An der Ostriconi-Mündung

Das Vogelschutzgebiet der **Ostriconi-Mündung** [5] ist die Westpforte zum Désert des Agriates und eine schöne Möglichkeit, in die Einöde hineinzuschnuppern. Wenn man von der N 1197 beim Feriendorf Ostriconi auf die alte Trassenführung der D 81 abzweigt und bis zur Küste fährt, kann man oberhalb des Flussdeltas den Wagen am Straßenrand abstellen und über ausgetretene Pfade zum weiß leuchtenden Strand hinuntersteigen. Er säumt die weit geschwungene **Anse de Peraiola** vor einer imposanten Dünenlandschaft mit Wacholdersträuchern und landeinwärts liegenden Süßwasserlagunen.

Waten Sie durch den Fluss und wandern Sie den Strand entlang. Auf der anderen Seite der Bucht sieht man den Saumpfad (Sentier littoral) herunterkommen, auf dem die Fernwanderer den Désert durchqueren. Er führt gut sichtbar und markiert in die Felsengarrigue hinein. Eingeschnitten in die zunehmend schroffere Küste sind kleine Buchten wie die **Anse de Vana**, deren kleiner Sandstrand nach 45 Min. erreicht ist. Auf dem Hauptweg kommt man nach 1¼ bzw. 1½ Std. zu verfallenen **Bergerien** [6].

Je nach Lust und Laune kehren Sie um, sobald Sie sich an der Natur sattgesehen haben.

3 | Désert des Agriates

Infos
In den **Offices de Tourisme** von Saint-Florent (s. S. 48) und L'Ile-Rousse (s. S. 57)

Shuttleboote
Vom Hafen in Saint-Florent verkehren von April bis Okt. regelmäßig Ausflugsboote zur Plage de Loto, im Juli und Aug. bis zu 12 x tgl. Informationen über Abfahrtszeiten und Tarife unter www.agriate-marittima.com und www.lepopeye.com. Die Bootsfahrt dauert 45 Min. (Erw. 10 €, Kinder 5 €). Wichtig: Wasser und Verpflegung nicht vergessen und pünktlich zur Rückfahrt des letzten Bootes bereitstehen.

Herbergen und Oasen
In Casta haben Sie im **Hôtel Le Relais de Saleccia** 1 (Tel. 04 95 37 14 60, www.hotel-corse-saleccia.com, DZ 52–78 €) von den besser gelegenen Zimmern einen großartigen Blick auf den Désert des Agriates und zudem die Möglichkeit, Mountainbikes zu mieten.

Am Strand von Saleccia bietet **Camping U Paradisu** 2 (Tel. 04 95 37 82 51, www.camping-uparadisu.com, 5 € p. P. und 3–4 € pro Zelt) größtenteils schattige Zeltplätze. Eine Bar, eine Pizzeria und eine Epicerie sorgen dort für das leibliche Wohl. Außerdem können Sie nach Art der Bauern und Hirten, nur wesentlich komfortabler, in **Steinhütten** nächtigen (Halbpension 100 € pro Paar).

Solche Gîtes d'étapes gibt es, ohne fließend Wasser und sehr preiswert, auch weiter westlich in **Ghignu** 3 (Tel. 04 95 37 09 86).

Am Westrand des Désert liegt das **Village Ostriconi** 4 (Tel. 04 95 60 10 05, www.village-ostriconi.com, Zeltplatz 20 € für 2 P. pro Nacht, DZ 58 €, Bungalow 84 €), das mit Pool und Tennisplatz ausgestattet ist.

Die Campingplätze sind von April/Mai bis Okt. geöffnet.

Der Nordosten

Infos und Termine
Office de Tourisme: Centre Administratif, an der Hauptstraße Richtung Bastia, Tel. 04 95 37 06 04, www.corsica-saintflorent.com, Juli–Aug. 8.30–12.30, 14.30–19 Uhr.
Busse: Parking des autocars am Hafen, Richtung Bastia 2 x tgl., Richtung L´Ile-Rousse nur Juli–Aug. 2 x tgl.
Nuits de la Guitare: Mitte Juli in Patrimonio. Interpreten aus der ganzen Welt spielen klassische Gitarre, Jazz, Blues, Rock, Flamenco (s. S. 42).
Porto Latino: Ende Aug., Festival lateinamerikanischer Musik. Infos unter www.porto-latino.com.

Plaine orientale
▶ F/G 4–7

Südlich des Flusses Golo beginnt die Plaine orientale, die zur Tavigno-Mündung hin immer breiter werdende Küstenebene. Erst nachdem die Amerikaner 1944 der Malaria mit DDT den Garaus gemacht und sich Tausende von *pieds noirs* (Algerienfranzosen) nach dem Algerienkrieg hier niedergelassen hatten, blühte die Region durch intensive Landwirtschaft auf. Vor den großflächigen Obst-, Getreide- und Weinkulturen reihen sich an der windabgewandten, flach auslaufenden Küste lange Sandstrände aneinander. Stichstraßen führen von der N 198 zu den Feriendörfern und Campingplätzen, in denen sich vor allem Familien mit Kindern wohlfühlen.

An der **Costa Verde**, dem nördlichen Küstenabschnitt, ist **Moriani-Plage** das quirlige Urlaubszentrum mit Geschäften, Banken, Restaurants und allerlei Sportangeboten. Die Schönheit der Costa Verde entdeckt man auf dem Corniche de la Castagniccia genannten Abschnitt der D 330: Fahren Sie in Prunete auf die D 71 nach Cervione und nehmen Sie dann die D 330 Richtung San Nicolao, vorbei am Wasserfall von l'Ucelluline und wieder zurück an die Küste (17 km).

An der **Costa Serena**, dem südlichen Küstenabschnitt, erinnert **Aléria** (2010 Einw.) etwas wehmütig an seine antike Blütezeit, als es noch eine Handelsdrehscheibe im Mittelmeer war und 20 000 Einwohner zählte.

Das bergige Hinterland lädt zu besonderen Entdeckungen ein – etwa bei einer interessanten Tour in die Dörfer der **Casinca** (direkt 4 ▶ S. 49) oder auf einer reizvollen Fahrt durch die mit Kastanienbäumen bestan- ▷ S. 52

Museales an der Ostküste

Im kleinen Ort **Cervione** (▶ G 5, s. a. S. 53) hält das **Musée éthnographiqe de l'ADECEC** eine ebenso kuriose und interessante Zusammenstellung alter Werkzeuge, Dokumente und Kunstwerke für entdeckungsfreudige Korsikafans bereit (Tel. 04 95 38 12 83, www.adecec.net, Mo–Sa 9–12, 14–8 Uhr, Mitte Juni–Mitte Sept. bis 19 Uhr, Fei geschlossen, 3 €).

Weiter südlich zeigt das **Musée Jérôme-Carcopino** in **Aléria** (▶ G 7) Fundstücke aus der griechischen, etruskischen und römischen Zeit, v. a. schöne Keramiken. Die Eintrittskarte berechtigt auch zum Besuch der Ausgrabungsstätte hinter dem Fort de Matra von 1572 mit Resten des Forums, des Kapitols, und der Thermen (Tel. 04 95 57 00 92, tgl. 8–12, 14–17 Uhr, Juli–Aug. bis 19 Uhr, 2 €).

4 | Die Dörfer der Casinca – von Vescovato nach Castellare

Karte: ▶ F/G 4/5 | **Anfahrt:** Pkw-, Motorradausflug oder Radtour von Vescovato nach Castellare-di-Casinca, 40 km

Abseits der Küste liegen auf vorspringenden Bergspornen die Dörfer der Casinca. 1852 hat sich der Historiker und Schriftsteller Gregorovius diesen Winkel erwandert. Heute lädt das alte Kulturland motorisierte Ausflügler oder sportliche Radler zu einer reizvollen Entdeckungstour ein.

Wo inzwischen großflächig Zitrusfrüchte, Kiwis und Wein angebaut werden, war früher malariaverseuchtes Sumpfland. Die Obst- und Gemüsekulturen erhoben sich über der Plaine orientale in Terrassen rund um die festungsartig aufragenden Dörfer. Deren Turmhäuser zeugen mit ihren verzierten Portalen vom einstigen Wohlstand der stolzen Bauernfamilien, die dem guten Ruf des Pieve den Ortsnamen als Ehrentitel beizufügen pflegten: Loreto-di-Casinca, Penta-di-Casinca, Castellare-di-Casinca. Die Rundtour beginnt oberhalb der N 198 in Vescovato, führt hinauf nach Loreto und endet in Castellare wieder unweit der Nationalstraße.

Der Hauptort

Vescovato 1 liegt »in den grünen Bergen verloren unter den prächtigsten Kastanienhainen, umkränzt von Orangen, Weinreben und Fruchtbäumen aller Art, von einem Bergwasser durchrauscht, originell korsisch gebaut, doch nicht ohne einige zierliche Architektur«. So beschreibt Gregorovius, den es bei seinen historischen Wanderungen 1852 in die Casinca verschlug, die »Bergsiedelei«, die er – geschichtskundig, wie er war – als »Oase von historischen Erinnerungen und Namen« erlebt. Starten Sie mit ihm am schönen Marktplatz mit den hohen Schieferhäusern, schmiedeeisernen Torbögen, dem Adlerbrunnen, Kriegerdenkmal und den alten Platanen und schauen Sie bei der Pfarrkirche San Martino vorbei. Der Ortsname Vescova-

Der Nordosten

> **Übrigens:** Wenn Sie mehr von Ferdinand Gregorovius lesen möchten: Sein anregendes Buch »Korsika. Historische Skizzen und Wanderungen« ist als gebundene Ausgabe im Societäts-Verlag erschienen. Die Urfassung des Werks mit dem Titel »Corsica« von 1878 ist als Volltext im Internet abrufbar (http://gutenberg.spiegel.de).

to (*vescovo* = Bischof) erinnert daran, dass nach der Zerstörung der antiken Küstensiedlung Mariana der dortige Bischof seine Residenz auf einen der ersten Bergkämme verlegte. Bis 1570 blieb der Bischofssitz des Nordostens in Vescovato, das in seinem verwinkelten Kern nicht nur eine alte Turmruine, sondern eben auch eine ehemalige Kathedrale, die heutige Pfarrkirche, vorzuweisen hat. In den einstigen Ställen des Pfarrherrn ist heute ein kleines Heimatmuseum untergebracht.

Zum Aussichtsbalkon

Die Landstraße Richtung **Venzolasca** 2 führt an zwei Friedhöfen und separaten Familiengräbern vorbei. Zypressen, die magischen Totenbäume der Alten, sorgen für Schatten. Es ist nur ein Katzensprung hinüber in dieses typische Casinca-Dorf, das sich wie ein Amphitheater in die Landschaft schmiegt und von Klosterruinen überragt wird. Der Küstenblick ist eindrucksvoll, wird aber vom Panorama in **Loreto-di-Casinca** 3 (680 m) noch überboten, das schon Gregorovius zu Begeisterungshymnen hingerissen hat: »Ich stand erstaunt ob solcher ungeahnter Herrlichkeit der Natur, denn zu meinen Füßen sah ich die kastanienwaldbedeckten Berge in die Ebene hinabsinken, diese einem unermesslichen Garten gleich sich zum Strande dehnen, von dem Goloflusse und dem Fiumalto durchschlängelt, begrenzt von dem verklärten Meere, an dessen Horizonte die Inseln Capraja, Elba und Monte Chiato sich aufreihten. Der Blick umfasst die ganze Uferlinie bis nach Bastia und südlich bis San Nicolao – landhinein wieder Berg an Berg, mit Dörfern gekrönt.« Man erreicht das unter dem **Mont Sant´Angelo** (1218 m) gelegene ›Adlernest der Casinca‹ über ein kurvenreiches Sträßchen und gelangt zunächst auf einen großen Dorfplatz und erst am Ende der Dorfstraße zu dem Aussichtspunkt. Für die leiblichen Freuden ist auch gesorgt, denn am Dorfeingang sprudelt frisches Wasser aus einem imposanten Brunnen und in zwei **Metzgereien** können Sie die schönsten korsischen Würste kaufen.

Blutrache und Banditen

Es geht zunächst wieder das Serpentinensträßchen (D 6) hinunter bis zur Gabelung, wo die Tour rechter Hand in Richtung **Penta-di-Casinca** 4 (400 m) weiterführt. Mit seinen engen Passagen und Turmhäusern, die mit Treppen und Gewölben verbunden sind, ist der Ort wieder ein sehr charakteristisches Casinca-Dorf, und man kann sich gut vorstellen, dass die verwinkelten Gassen von 1789 bis 1821 der Schauplatz für eine der längsten Vendettas der korsischen Geschichte waren.

Ähnlich eindrucksvoll präsentiert sich **Castellare-di-Casinca** 5, die nächste Ortschaft, mit seinen auf einem Felsgrat stehenden Häusern, die sich, um nicht in die Tiefe zu stürzen, aneinanderzukrallen scheinen. Anders als sonst in der Casinca, wo die Gotteshäuser mit prunkvollen Barockfassaden aufwarten, stößt man in Castellare auf eine schöne romanische Kirche, deren Patron Sankt Pankrazius übrigens der Schutzheilige der Banditen ist.

4 | Von Vescovato nach Castellare

Infos
Im Internet: www.casinca.fr
Mairie de Vescovato: tgl. 8–12, 14–17 Uhr. Hier erhalten Sie Auskunft über die Öffnungszeiten des Musée Mémorial sowie den Schlüssel zur Besichtigung der Pfarrkirche.

Wurstwaren kaufen
In Loreto-di-Casinca haben Sie die Auswahl zwischen zwei hervorragenden **Traditionsmetzgereien** 1, die seit Generationen und nach klassischen Rezepten die korsischen Wurstspezialitäten herstellen. Die **Charcuterie Albertini** liegt am großen Platz, die **Charcuterie Fieschi** rechter Hand auf dem Weg zum Aussichtspunkt. Besichtigen Sie das reichhaltige Angebot und stellen Sie Ihren Imbiss zusammen aus *coppa, lonzu, prisuttu, pancetti, figatelli* und *bulagna*.

Rustikales Essen
Am Ortseingang von Venzolasca an der D 237 ist die **Ferme-auberge U Fragnu** 1 (Tel. 04 95 36 62 33) eine beliebte Adresse, allerdings nur abends geöffnet (außerhalb der Saison auch Sonntagmittag) und nicht ganz billig. Gäste erwartet ein Speisesaal mit Olivenpresse und von der Decke hängenden Schinken. An schönen Sommerabenden sitzt man auch gerne auf der Panoramaterrasse. Für 39 € gibt es ebenso reichhaltiges wie feines korsisches Essen.
In Loreto-di-Casinca ist die **Auberge U Radaghju** 2 (Tel. 04 95 36 30 66) auch mittags geöffnet und preiswerter. In der ehemaligen Kastaniendarre gibt es ein Einheitsmenü für 25 € mit frischen Produkten und garantiert korsisch. In beiden Fällen sollten Sie nicht unangemeldet kommen.

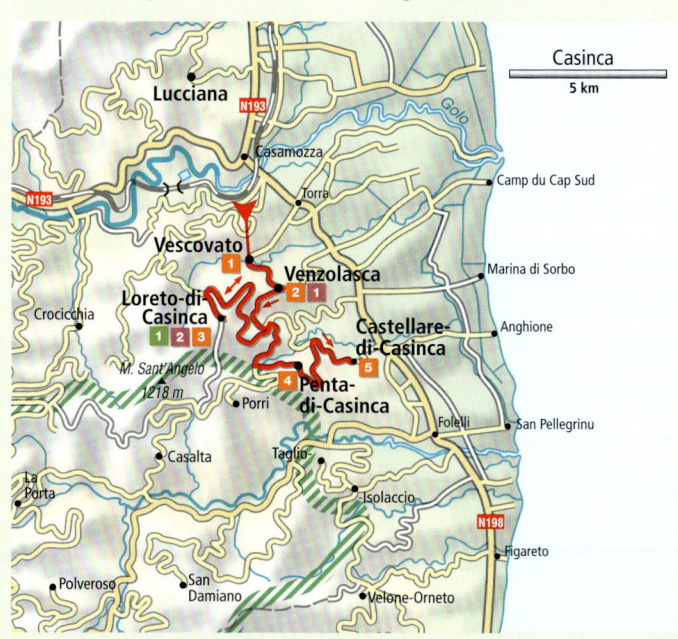

Der Nordosten

nnnr **Castagniccia**, die Wiege des korsischen Widerstands (direkt 5 | S. 53).

Übernachten

Beliebter als Hotels sind an der Ostküste die komfortablen Campingplätze am schier endlosen Strand, mit Restaurants oder Pizzerien, Tennisplätzen, Freizeitangeboten und neben Stellplätzen auch Bungalows, Chalets und ›Mobilheimen‹ zum Mieten.

Hier zwei besonders gut ausgestattete Plätze, für die eine Reservierung empfehlenswert ist:

Eichenschatten – **Merendella:** 2 km südlich von Moriani-Plage zwischen der N 198 und dem Meer, Tel. 04 95 38 53 47, www.merendella.com, April–Okt., 18–21 € für 2 P. mit Zelt. 6,5 ha großer Park hinter einem Sonnenstrand.

Am Fluss – **Marina d'Aléria:** 2 km östlich von Caterragio an der N 200, Tel. 04 95 57 01 42, www.marina-aleria.com, Ostern–15. Okt., pauschal 18,60–33,50 € für 2 P. mit Zelt und Auto. Großer schattiger Platz an der Mündung des Tavignano vor dem Strand von Padulone.

Essen und Trinken

Austern – **Aux Coquillages de Diane:** 2 km nördlich von Aléria am Etang de Diane, Tel. 04 95 57 04 55. So frisch gibt es Austern und Muscheln selten. Auf den Tisch kommt, gekonnt zubereitet, was in der Lagune gezüchtet wird.

Einkaufen

Markt – Jeden 2. Do im Monat in Aléria Markt mit lokalen Produkten.

Spirituosen – **Domaine Mavela U Licettu:** Aléria, im Sommer tgl. 9–20 Uhr, sonst Mo–Sa 9–12, 15–19 Uhr. Im Probierkeller gibt es Liköre und Schnäpse aus eigener Produktion.

Infos und Termine

Office de Tourisme de la Costa Verde: Moriani-Plage, Tel. 04 95 38 41 73, www.costaverde-corsica.com.

Office de Tourisme de la Costa Serena: Cateraggio (N 198), Tel. 04 95 57 01 51, www.corsica-costaserena.com.

Festa Antica: Anfang Aug. in Aléria. Zweitägiges ›Römerfest‹ mit Wettspielen, Handwerk, Musik, Weinproben.

Festa di a nuciola: Letztes Augustwochenende in Cervione. Haselnussfest.

Lange, weite Sandstrände säumen die Plaine orientale – viel Platz für Sonnenhungrige

5 | Korsische Gedenkstätten – quer durch die Castagniccia

Karte: ▶ E–G 5 | **Anfahrt:** Pkw-Ausflug ab Cervione, 55 km

Wissen Sie, wann die Geburtsstunde des korsischen Nationalismus schlug? Dass ein Deutscher König von Korsika war? Warum der größte Korse für die Einheimischen nicht Napoleon, sondern Paoli heißt? Eine Fahrt durch die Castagniccia führt durch denkwürdige Orte und liefert Anworten auf diese Fragen.

Die Castagniccia im Nordosten der Insel ist ein zerklüftetes Vorgebirge, fast vollständig (auf 10 200 ha) von mehrhundertjährigen Kastanien bedeckt. Die Früchte des ›Brotbaums‹, aus dessen Holz begehrte Möbel hergestellt wurden, waren lange Zeit nicht nur Hauptnahrungs-, sondern auch Tauschmittel für Öl und Wein. Im 18. Jh. war die Bevölkerung der Region zu einem gewissen Wohlstand gekommen und ihr Selbstbewusstsein stieß sich an der Fremdherrschaft der Genuesen. Kein Wunder, dass sich der Geist des korsischen Widerstands zuerst in der Castagniccia regte und zahlreiche Orte mit Ereignissen aus der ruhmreichen Periode des Freiheitskampfes (1729–69) in Verbindung stehen. Man kommt an ihnen vorbei, wenn man die D 71 von Cervione nach Morosaglia fährt, eine kurvenreiche, eindrucksvolle Strecke.

Spuren eines Glücksritters

Nicht weit vom Strand entfernt liegt **Cervione** 1 mit seiner reich ausgestatteten Barockkirche und einem Bischofspalast, in dem einmal ein Deutscher als König von Korsika residierte. Theodor Baron von Neuhoff, ein verarmter westfälischer Adeliger, war am 12. März 1736 in Aléria mit Gewehren und Soldaten gelandet, nachdem er die Hilferufe der korsischen Unabhängigkeitskämpfer vernommen hatte. Er versprach die Unterstützung ausländischer Mächte und ließ sich dafür zum König

Der Nordosten

> **Übrigens:** Den Namen Orezza verbinden die meisten mit dem berühmten Mineralwasser, das viel Eisen und wenig Nitrate enthält. Die Quellen entspringen 8 km östlich von Piedicroce in **Rappaggio**, wo man die Firmenboutique besuchen und nach Anmeldung die Fabrik besichtigen kann (Tel. 04 95 39 10 00, www.orezza.com).

Theodor I. proklamieren. Die Krönung fand im sehenswerten **Kloster von Valle d'Alesani** 2 statt. Man erreicht es, wenn man auf der D71 bis Valle d'Alesani fährt und dort die sehr abschüssige D217 ins Tal hinunterkurvt. Neuhoff wusste übrigens wegen nicht eingehaltener Versprechen nach nur sechs Monaten Regentschaft die Insel als Priester verkleidet wieder verlassen und starb völlig verarmt in London.

Geheime Consultas

20 km sind es von Valle d'Alesani bis **Piedicroce** 3, dem größten Ort der Castagniccia mit einer prächtigen, ihrer Orgel wegen berühmten Barockkirche (18. Jh.). Unterhalb des Orts liegt rechter Hand die Ruine des einstigen **Franziskanerklosters** 4 (1485) von Orezza. Zu Zeiten der Freiheitskämpfe war es der geheime Versammlungsort der korsischen Stände, die hier wiederholt ihre *consultas* abhielten. Am 8. Januar 1735 wurde auf einer solchen Generalversammlung die ›ewige Trennung‹ Korsikas von Genua ausgerufen. 16 Jahre später arbeitete an gleicher Stelle eine neue *consulta* die Grundzüge einer unabhängigen Regierung aus, die 1755 unter der Führung Pasquale Paolis Wirklichkeit wurde. Dem *babbu di a patria* (Vater des Vaterlandes) bereiteten am 9. September 1790 die 419 Abgeordneten der korsischen Wahlversammlung in Orezza noch einmal einen triumphalen Empfang, bei dem es auch zu einem Zusammentreffen mit Napoleon Bonaparte kam. Die Abtei war damals schon geschlossen, eine Folge der Revolution. Zerstört wurde das Gebäude durch Bomben im Zweiten Weltkrieg.

Das Geburtshaus von Paoli

Unterhalb des **Monte San Petrone** 5 (1767 m) führt die Strecke nach Norden zum Col de Prato und in das 15 km entfernte **Morosaglia** 6, wo am 6. April 1725 Pasquale Paoli geboren wurde. Im Geburtshaus ist ein kleines Museum untergebracht mit Erinnerungsstücken und einem kurzen Film, der das Leben und Wirken des ›Vaters der Nation‹ zusammenfasst. Paoli kam mit 30 Jahren aus Neapel, damals ein Zentrum der Aufklärung, in seine korsische Heimat zurück und drängte als General der Unabhängigkeitsarmee mit Erfolg die Genueser zurück. Als diese 1768 die Insel an Frankreich verpfändeten, setzte er den Kampf gegen den neuen, stärkeren Gegner fort, bis er nach der Niederlage am Ponte Novu die Waffen strecken und endgültig ins Exil gehen musste. Die Asche des Freiheitskämpfers, der Korsika eine demokratische Verfassung gab und kurzzeitig regierte, wurde 1889 aus London nach Morosaglia in die dortige Grabkapelle überführt.

Infos
Syndicat d'Initiative de la Castagniccia: Folelli, an der N 198, Tel. 04 95 35 82 54, www.castagniccia.fr. Fragen Sie nach der Broschüre »Route des sens authentiques en Castagniccia«, die eine Adressenliste der lokalen Produzenten und Handwerker enthält.

5 | Quer durch die Castagniccia

Maison Natale de Pasquale Paoli:
1 km östlich von Morosaglia im Weiler Stretta, Tel. 04 95 61 04 97, Mai–Sept. tgl. 9–18 Uhr, sonst tgl. 9–17 Uhr, 2 €

Kastanienprodukte

In Felce, 5,5 km hinter Valle d'Alesani, verkaufen die **Berenis** [1] in ihrem Lädchen Selbsterzeugtes aus ihrer Kastanienernte: Mehl, Püree, Konfitüre, Honig.

Wenn Sie sich für Möbel oder andere Objekte aus Kastanienholz interessieren, machen Sie einen Abstecher nach Nocario, ca. 5 km hinter Piedicroce, zum Atelier des Möbeltischlers **Pantaléon Alessandri** [2] (Arte è Legnu, Tel. 04 95 35 81 57, ganzjährig 8–12, 14–18 Uhr, Juni–Sept. 15–19 Uhr).

Rustikale Küche

Ein beliebtes Traditionslokal und Gasthof mit 20 kleinen Zimmern ist **Le Refuge** [1] (Tel. 04 95 35 82 65, Menüs 17–30 €, DZ 46–49 €) in Piedicroce. Hier gibt es bodenständige Küche mit Charcuterie.

In Campana, 6 km hinter Piedicroce, serviert das Restaurant **Sant´Andria** [2] (Tel. 04 95 36 82 26, tgl. außer Sonntagabend geöffnet, Menü 20–24 €) landestypische Klassiker wie Brocciu-Cannelloni, Kalbsschmorbraten *à l'ancienne* und Kastanienflan. Die Menüs wechseln mit dem Marktangebot. Freundlichste Bedienung im Speisesaal oder auf der Panoramaterrasse. In beiden Restaurants gibt es auch günstige Kindermenüs.

Aufstieg auf den Monte San Petrone

Am Col de Prato beginnt der beschilderte und markierte Wanderweg, der in 2 ½ Std. auf den höchsten Berg der Castagniccia führt. 800 Höhenmeter sind zu überwinden, größtenteils durch schattigen Buchenwald, am Schluss eine felsige Passage. Oben wartet ein großartiger Weitblick übers Meer.

Der Nordwesten

L'Ile-Rousse ▶ D 3

Benannt nach der rötlichen Farbe der vorgelagerten Granitinsel La Pietra, ist L'Ile-Rousse (4000 Einw.) ein blühender Badeort mit einer Uferpromenade, an der die Eisenbahn hält. Erst 1758 von Pasquale Paoli als Konkurrenzhafen zu den genuatreuen Festungen Algajola und Calvi gegründet, ist das Städtchen eine vergleichsweise moderne Siedlung, die mit ihren Caféterrassen unter ausladenden Platanen und hohen Palmen an der großen Place Paoli fast etwas Mondänes hat.

Strände

Schmal und feinsandig zieht sich der Stadtstrand um die Bucht. Schöner sind die Strände von **Bodri** (2 km südlich) und **Algajola** (10 km südlich), beide mit dem Triebwagen zu erreichen. Reizvoll auch der Strand von **Lozari** (8 km nördlich).

Übernachten

Leuchtturmblick – **La Pietra:** Chemin du Phare, Tel. 04 95 62 02 30, www.hotel-lapietra.com, 15. Jan.–15. Nov., DZ je nach Saison 68–120 €. Am Hafen von L'Ile-Rousse mit Blick auf Stadt, Leuchtturm und Meer, nur dem Rauschen der Wellen ausgesetzt, ein angenehmes Hotel nicht nur für den Ankunfts- und Abfahrtstag.

Bahnstation am Strand – **Le Bodri:** 1,5 km südlich Richtung Calvi, Tel. 04 95 60 10 86, www.campinglebodri.com, Juni–Sept., 19 € für 2 P. mit Zelt. Der Campingplatz, unter Eukalyptusbäumen und mit Crêperie, wird nur durch die Bahnlinie (Haltestelle!) vom netten Strand getrennt.

Essen und Trinken

Flotter Service – **La Crêperie:** Pl. Paoli, Tel. 04 95 60 11 57, bis 2 Uhr nachts. In dieser Brasserie gibt es für ca. 15 € zu jeder Tageszeit Bruschette, Salate, Pizzas, Paella, Crêpes.

Frische Muscheln – **L'Escale:** Rue Notre-Dame, Tel. 04 95 60 10 53, www.hotelilerousse.com, außer Juli–Aug. So abends und Mo geschl., Gerichte um 15 €, Kindermenü 9,90 €. Das Traditionslokal mit Blick auf die belebte Gasse oder das Meer ist bekannt für seine Muschelvariationen und das hausgemachte Eis, hat aber auch Salate, Pizzas und Fleisch auf der Karte.

Sport und Aktivitäten

Unterwasserwelten – **Beluga Diving**, Tel. 04 95 60 17 36, www.beluga-diving.com, und die **Ecole de plongée d'Ile-Rousse**, Tel. 04 95 60 36 85, www.plongee-ilerousse.com, bieten Tauchkurse auch für Kinder an. Je nach Ausrüstung 30–45 €.

Botanischer Garten – **Le Parc de Saleccia:** 4 km auf der N 197 Richtung Bastia, Tel. 04 95 36 88 83, www.parc-saleccia.fr, Juli–Aug. tgl. 10–20, sonst 9.30–19 Uhr, Mo und Sa erst ab 14 Uhr, 8 €, Familienticket 23 €. Mittelmeerflora auf Themenwegen.

Infos und Termine

Office de Tourisme: 7, pl. Paoli, Tel. 04 95 60 04 35, www.ot-ile-rousse.fr.
Tramway de Balagne: Vom Bahnhof verkehrt in der Hochsaison stündlich ein Triebwagen nach Calvi mit zahlreichen Stopps an den Stränden, ins Inselinnere ein Zug nach Ponte Leccia mit Umsteigemöglichkeit nach Bastia oder Ajaccio.
Festimusica: Mitte Aug. feiert L'Ile-Rousse die Begegnung korsischer, sardischer und toskanischer Musik.

Speloncato ▶ D 4

600 m hoch liegt dieser ›Adlerhorst‹. Die mehr hohen als breiten Häuser schieben sich so eng zusammen, dass nur enge, verwinkelte, manchmal von Torbögen überwölbte Gassen zwischen den Mauern hindurchführen. Einzige Ausnahme ist der zentrale Platz.

Durch die Gasse rechts neben der Kirche öffnet sich der Blick auf einen natürlichen Felstunnel, die berühmte **Pietra Tafonata**, durch die zweimal im Jahr vor der Tagundnachtgleiche die Sonne nach ihrem Verschwinden hinter dem Berg noch einmal ihr Licht auf den Ort wirft.

Mehr **Dörfer der Balagne** können Sie auf einer Tour zu den Handwerkern und kleinen Traditionsbetrieben der Region entdecken (**direkt 6** ▶ S. 58).

Übernachten

Romantikhotel – **A Spelunca:** Tel. 04 95 61 50 38, www.hotel-a-spelunca.com, April–Okt., DZ 65–85 €. Im ehemaligen Kardinalspalast, geräumige Zimmer und Salons in leicht angestaubtem Originaldekor, teils mit berückendem Panoramablick.

Calvi ▶ C 4, Cityplan S. 62

Die berühmte Kulisse der Zitadelle, von drei Seiten vom Meer umgeben und vor der Bergkette aufragend, gehört zu den attraktivsten Korsika-Ansichten. Deutlich teilt sich der Ort in die auf einem 50 m hohen Granitfelsen gelegene Genueserfestung, eine Burgstadt mit ca. 2,5 ha Fläche, und die Unterstadt mit überwiegend modernen Häusern. Die Bevölkerung Calvis bestand jahrhundertelang aus einer Kaufmannsoligarchie, die aus dem Handel mit Genua Vorteile zog, Fischern, Handwerkern, Wein- und Obstbauern, die mit den Soldaten der Festung nicht immer problemlos zusammenlebten. Heute prägt der Tourismus die expandierende Stadt (5270 Einw.), die Reisende mit dem eigenen Fahrzeug oder per Schiff, Bahn und Flugzeug erreichen. Im Sommer ist Calvi überlaufen, denn die Urlauber kommen von den Stränden der Balagne und aus dem Bergland, um hier städtisches Flair zu genießen. ▷ S. 62

Lama – Sanfter Tourismus zum Anfassen

Auf der N1197 (La Balanina) erreicht man schnell das Ostriconi-Tal, zu Genuas Zeiten das wichtigste Ölanbaugebiet des Nordens. Nahe der Straße liegt das Festungsdorf **Lama** (▶ E 4), ein prämiertes Beispiel für behutsame touristische Innovation. Infos über die Ferienwohnungen, das Filmfestival, Wanderwege und andere Aktivitäten erhalten Sie beim Syndicat d'Initiative (Tel. 04 95 48 23 90, www.villagedelama.fr, Mo–Fr 10–12.30, 15–18, Sa und So 15–18 Uhr).

6 | Straße der Handwerker – Entdeckertour in der Balagne

Karte: ▶ C/D 3–5 |
Pkw-Rundfahrt: Ab/bis L'Ile-Rousse inkl. Abstecher ca. 43 km, 1–2 Tage

Eigentlich wollten Sie nur ein Baguette kaufen, aber die Bäckerin holt Ihnen aus der Backstube eine frische Brocciu-Teigtasche zum Probieren. Ähnlich ist es mit den Ohrringen, die Sie dem Juwelier gleich unter der Hand wegkaufen, weil Laden und Werkstatt eins sind. Typische Szenen auf der folgenden Entdeckungstour.

Die Balagne hat die Form eines riesigen Amphitheaters, das sich unterhalb einer bis zu 2000 m hohen Gratlinie zum Meer hin öffnet. Eine fruchtbare Landschaft mit vorgelagerten Kuppen, auf denen sich die Wohnhäuser um romanische, meist aber barocke Kirchen gruppieren. Seit alters dominieren Olivenkulturen den ›Garten Korsikas‹, dem trockene Sommer und Brände im letzten Jahrhundert jedoch so zugesetzt haben, dass sich die Dörfer entvölkerten. Seit den 1960er-Jahren ist aber eine Gegenbewegung in Gang gekommen, Künstler und Handwerker, auch junge, ökologisch denkende Landwirte haben die Balagne für sich entdeckt und Leben in die Dörfer zurückgebracht, die attraktiver und aufgeschlossener sind denn je. Überall stehen die Werkstätten offen und der Ausflügler erfährt direkt von den Produzenten, wie sie nach alten Methoden und Rezepten Öl, Wein, Honig, Marmelade herstellen oder in ihrem Kunsthandwerk an Traditionen der Insel anknüpfen, selbst wenn sie ganz neue, originelle Produkte herstellen.

Handwerkerdorf Pigna

Nur 7 km von L'Ile-Rousse entfernt liegt landeinwärts an der D 151 auf einem Hügel das Kunsthandwerkerdorf **Pigna** **1** (400 m). Es ist das Prestigeprojekt, das als Vorbild für die gesamte Region gilt. Den Wagen lässt man vor der Ort-

6 | Entdeckertour in der Balagne

schaft stehen, die mit ihren gepflasterten Gassen und blauen Fensterläden einladend schmuck wirkt. Holen Sie sich am Infopunkt (während der Saison) oder in der für Wechselausstellungen genutzten Casa Cumuna links vom Kirchplatz das Faltblatt mit Lageplan der Werkstätten und Läden. Schauen Sie vorbei beim **Graveur**, beim **Mosaikleger**, beim **Saiteninstrumentenbauer**. Und besuchen Sie die **Spieldosenmanufaktur** und das Atelier des Künstlers **Toni Casalonga**, auf dessen Initiative Pigna zu dem wurde, was es heute ist: ein lebendiges Kulturzentrum, in dem übrigens die Musik allgegenwärtig ist – in der **Casa Musicale** treffen sich die Musiker der Gegend, im Auditorium gibt es zwei, drei Konzerte wöchentlich, und in der **Casa di l´Artigiani** können Sie korsische Musik probehören.

> **Übrigens:** Anfang Juli findet in Pigna, aber auch in anderen Dörfern der Balagne das Gesangsfestival **Estivoce** statt. Die Tradition korsischer Vokalmusik spielt dabei eine wichtige Rolle, der Schwerpunkt liegt jedoch auf neueren Formen.

Corbara und Sant´Antonino

Um Pigna schließt sich ein Kranz von reizvoll gelegenen Balagnedörfern, die Sie bei Ihrem Ausflug nach Pigna mit ansteuern können. Von der D 151 zweigt kurz vor Pigna ein Sträßchen nach **Corbara** 2 ab, wo Sie am meerzugewandten Dorfende den Blick von der Kapelle des verfallenen Château de Sabelli genießen. Nicht zu verwechseln mit **Guy Savelli**, in dessen Privatmuseum, im Ort gleich bei der Kirche gelegen, Sie unbedingt einen Blick werfen müssen (tgl. 15–18 Uhr, Eintritt frei). Der begeisterte Korse und Sammler hat in seinem Elternhaus Antiquitäten und kuriose Objekte ausgestellt: Buchraritäten, Pergamenthandschriften, alte Postkarten, Briefe, Spieldosen, Instrumente etc. Er ist übrigens auch Maler und hat sein Atelier in der ehemaligen Bäckerei.

Das **Kloster von Corbara** liegt 2 km außerhalb des Dorfes an der Straße nach Pigna. Von hier zweigt ein beschilderter Fußweg nach **Sant´Antonino** 3 ab. Der Panoramaweg mit Ausblick auf Pigna und die Bucht von Algajola gewinnt stetig an Höhe und führt Sie vorbei an einem Brunnen, einem alten Dreschplatz und einer Reihe von Mausoleen in 45 Min. zu dem Bergdorf, das neben Speloncato der schönste ›Adlerhorst‹ der Balagne ist. Gegenüber dem großen Parkplatz führen Treppen ins Zentrum des Festungsdorfs, das nur zu Fuß auf einem Rundweg zu erkunden ist. Vom Aussichtspunkt **A Cima** (500 m) öffnen sich Ausblicke aufs Meer und die rückwärtige Bergseite, zum Monte Grosso, Monte Padru und ins Regino-Tal. Schnuckelige Restaurants locken die Touristen mit delikaten Gerichten und viel Atmosphäre auf ihre Terrassen, und diverse Lädchen bieten Töpferwaren, Schmuck und korsische Leckereien. Wieder zurück am Parkplatz, können Sie in der Cave à citron zum frisch gepressten Zitronensaft Mitgebrachtes verzehren.

Weiter in die Berge hinein

Südlich von Pigna erreichen Sie den Ort **Aregno** 4, dessen Dreifaltigkeitskirche, im 12. Jh. unter der Regentschaft des Bischofs von Pisa erbaut, zu den romanischen Schmuckstücken der Insel gehört. Mit ihrem ockergrünen Mauerwerk ragt sie eindrucksvoll über den Dorffriedhof, die Frontfassade schmücken schöne Reliefs und zierliche Figuren.

Der Nordwesten

Nächstes Dorf südlich an der D 151 ist **Cateri** [5], wo kurz vor dem Ort ein Sträßchen (D 413) nach Sant´Antonino abzweigt. Cateri ist mit seinen Granithäusern und Arkadengässchen ein typisches Balagnedorf mit einem **Töpferatelier** und einer alten **Molkerei** (A Lataria), die hausgemachte Konfitüren, Myrtenlikör, Kastanien- und Käsekuchen *(fiadone)* verkauft.

In Cateri müssen Sie sich entscheiden, denn von der Kreuzung führen Straßen in alle Richtungen der Balagne. Genügt Ihnen der kleine Ausflug nach Pigna und Umgebung, oder möchten Sie auf der ›Strada de l'Artigiani‹ auf einer vielleicht mehrtägigen Exkursion weiter in die Berge hinein?

Im zweiten Fall gibt es zwei Möglichkeiten: Da ist zunächst die Straße Richtung **Belgodère** (D 71). Es geht ein Stück auf der berühmten **Corniche de la Balagne** am Steilhang entlang in das von Obstgärten umgebene **Feliceto** [6], wo Sie die angesehenste **Glasbläserwerkstatt** der Gegend besichtigen können (tgl. 10–12, 15–18.30 Uhr). Die Mittagsstunden vergehen rasch mit einem Picknick am Regino, einem Gang zur malerischen Maison du bandit oder einem Essen in der Osteria U Mulinu, nicht nur ein Lokal, sondern ein Ereignis, denn in der ehemaligen Ölmühle ist der Wirt eine Show.

Die andere Straße, die westliche Fortsetzung der D 151, führt von Caterl nach **Calenzana**. Über den Col de Salvi geht es auf den die Landschaft beherrschenden Monte Grosso (1938 m) zu nach **Montemaggiore** [7], das in bester Aussichtsposition auf einem Bergsporn liegt und mehrere Weiler umfasst. Einer davon ist **Lunghignano** [8] mit seiner alten **Ölmühle** U Fragnu: Von Eseln gedreht wie anno 1850, liefert sie auch heute noch ausgezeichnetes, fruchtiges Olivenöl (www.ufragnu.com, 9–12, 14–18 Uhr).

Hinter **Zilia**, bekannt für sein Mineralwasser, schwenkt die Straße nach Westen, hinüber nach **Calenzana** [9], für Fernwanderer das Tor zum zentralen Gebirgsmassiv (Beginn des GR 20), aber auch ein reizvoller Ort zum Bummeln und Verweilen. Spazieren Sie durch die Gassen des Oberdorfs oder mischen Sie sich unten am Prince-Pierre-Brunnen und an der Place de l'Eglise ins Dorfleben. Es gibt zahlreiche Bäckereien, die köstliches Brot und die mit Anis, Orange oder Mandeln gewürzten *canistrelli* oder andere Backwarenspezialitäten wie *fritelle* und *cuciulelle* anbieten. Am Ortsausgang Richtung Calvi können Sie noch Annick Rony, dem **Korbflechter**, in seiner Werkstatt einen Besuch abstatten (Mo–Sa 10.30–12, 14–19 Uhr).

Infos
Eine Übersichtskarte sowie Informationen über die diversen Dorfbetriebe finden Sie online unter www.routedesartisans.fr, mehr zu Corbara gibt es unter www.corbara.fr.

Für einen längeren Aufenthalt
Die Terrasse der **Casa musicale** [1] (Tel. 04 95 61 77 31, www.casa-musicale.org, DZ je nach Saison 60–110 €) in Pigna ist ein beliebter Aussichtspunkt, wo mittags Salate und Fischgerichte, abends Grillteller serviert werden. Als Hotel daher nicht ganz ruhig, aber ein sympathischer Stützpunkt mit schlichten Zimmern.

Vornehm – das heißt ruhig, stilvoll, sehr komfortabel und ohne TV – residieren Sie in Pigna im **Hôtel U Palazzu** [2] (Tel. 04 95 47 32 78 oder mobil 06 10 86 22 45, www.hotel-

6 | Entdeckertour in der Balagne

corse-palazzu.com, DZ 135–160 €), einem alten, aufwendig renovierten Herrenhaus.

Essen als Erlebnis
Sehr stimmungsvoll sitzt man auf den gestaffelten Panoramaterrassen des kleinen Restaurants **I Scalini** 1 (Tel. 04 95 47 12 92) hoch oben in Sant´Antonino, wo Mosaiktische und allerlei Kissen orientalische Behaglichkeit verbreiten.

Das **U Mulinu** 2 (Tel. 04 95 61 73 23, Mi–Mo geöffnet) in Feliceto ist eine eher urige Institution. Für 32 € gibt es ein Einheitsmenü, Aperitif, Wein und Digestif inklusive. Wer Joseph Ambrosini, genannt ›José‹, in Hochform erleben will, muss abends kommen – unbedingt reservieren.

Märkte und Feste
Auf dem **Olivenmarkt** (Foire de l'Olivier) in Montemaggiore dreht sich am dritten Juliwochenende alles um den nützlichsten Baum der Balagne, der nicht nur ein Basislebensmittel liefert, sondern auch hervorragendes Holz. Unzählige Handwerker präsentieren sich, am Abend gibt es musikalische Darbietungen und natürlich ist auch Olivenöl im Angebot.

Am ersten Augustwochenende steigt in Aregno das **Mandelfest** (A Fiera di l'Amandulu), bei dem weniger die Mandelbauern als vielmehr die vielfältigen Produkte aus der Steinfrucht im Mittelpunkt stehen. Vom Mandelöl über Mandelliköre und Marzipan reicht die Palette bis hin zu raffinierten Pralinenkreationen.

Zitadelle

Zugang von der Place Christophe Colomb, Audioguides (auch auf Deutsch, 7 €) und Besichtigungsbroschüre (Guide Calvi-Loisir)

Die ab 1483 erbaute Festung betritt man durch das einzige Tor an der Bastion Spinchone. Die Inschrift »Civitas Calvi semper fidelis« beschwört die immerwährende Treue der Bürgerschaft, die von Genua Sonderrechte zugestanden bekam. An der Place d'Armes, dem früheren Exerzierplatz, erhebt sich mächtig der alte **Gouverneurspalast** 1, in dem heute die letzten Fremdenlegionäre auf Korsika stationiert sind. Oberhalb davon kann die Kirche **Saint-Jean-Baptiste** 2 besichtigt werden, die im 13. Jh. errichtet wurde und nach der Explosion eines Pulverlagers 1567 neu aufgebaut werden musste. Der lichte Kuppelbau mit dem Grundriss eines griechischen Kreuzes birgt ein Holztriptychon (1498) und die Madonna im Rosenkranz (16. Jh.), die bei der Karfreitagsprozession schwarz verhüllt durch die Straßen getragen wird. Weitere Kunstschätze sehen Sie im Museum für sakrale Kunst, das im **Oratoire de Saint-Antoine** 3 untergebracht ist.

Auf Ihrem Weg durch den Gassenring kommen Sie in der Rue Colombo am angeblichen **Geburtshaus von Christoph Kolumbus** 4 vorbei, denn Calvi rivalisiert mit Genua, Lissabon und Sevilla um die Ehre, als Geburtsort des Amerikaentdeckers zu firmieren. Sehr lohnend ist der Rundgang an den Festungsmauern, wo Sie aus immer neuer Warte den Blick über Hafen, Stadt, Golf und die Halbinsel von Revellata schweifen lassen können.

Calvi

Sehenswert
1. Gouverneurspalast
2. Saint-Jean Baptiste
3. Oratoire de Saint-Antoine
4. Geburtshaus von Christoph Kolumbus
5. Marché couvert
6. Tour du Sel

Übernachten
1. Hôtel Le Magnolia
2. Relais international de la jeunesse U Carabellu

Essen und Trinken
1. Casa Vinu
2. Le Calellu
3. A Scola

Einkaufen
1. Traiteur Chez Annie
2. Dcampanaglass
3. Coutellerie d'Art Pol Demongeot

Ausgehen
1. Club K'fé et Club 24
2. Chez Tao

Sport und Aktivitäten
1. Colombo Line
2. Sub Corsica
3. Col de Salvi

La Marine

Das touristische Treiben konzentriert sich in den winkligen Gassen der Unterstadt zwischen Boulevard Wilson und Quai Landry. Hier liegen die Souvenirläden, Boutiquen, Cafés und Restaurants. Auf dem kleinen überdachten Markt, dem **Marché couvert** 5, zwischen Boulevard Wilson und Rue Clemenceau werden vormittags Obst und Gemüse aus den Gärten der Balagne verkauft, unten am Fischerhafen in der Frühe Fisch und Langusten direkt vom Boot. Zur Szenerie gehört die **Tour du Sel** 6, in der früher das Salz der Stadt gelagert wurde und zu der von der Zitadelle ein Mauergang führt.

Übernachten

Belle-Époque-Haus – **Hôtel Le Magnolia** 1: Pl. du Marché, Tel. 04 95 65 19 16, März–Jan., www.hotel-lemagnolia.com, DZ 60–140 €. Noble Unterkunft mitten in der Stadt mit Blick auf den Garten oder das Meer. Stilvolle, klimatisierte Zimmer mit WLAN. Im Patio speist man gepflegt unter einem uralten Magnolienbaum, das Restaurant (Tel. 04 95 65 08 02) ist bekannt für seine exquisiten Fischgerichte.

Jugendherberge – **Relais international de la jeunesse U Carabellu** 2: Rte. de Pietra-Maggiore, Tel. 04 95 65 14 16, April–Okt., www.clajsud.fr, 16–23 p. P. 4 km vom Zentrum bergwärts gelegen mit schönem Blick auf Bucht und Zitadelle. 3- bis 5-Bett-Zimmer, die schönsten im Haupthaus.

Essen und Trinken

Önothek – **Casa Vinu** 1: 15, bd. Wilson, Tel. 04 95 31 37 09, April–Sept. tgl., sonst Di–Sa. Sie verkosten glasweise in der Weinbar, was Sie im Laden für zu Hause einkaufen. Dazu gibt es kleine Mittelmeergerichte.

Frischer Fisch – **Le Calellu** 2: Quai Landry, Tel. 04 95 65 22 18, März–Okt. tgl., sonst Di–So. Menü 23 €, unbedingt reservieren. Direkt am Fischerhafen sitzen Sie auf der Terrasse und genießen mit Blick auf die Jachten den fangfrischen Fisch, perfekt zubereitet. Aufmerksame freundliche Bedienung.

Süß und salzig – **A Scola** 3: In der Zitadelle gegenüber der Kirche, Tel. 04 95 65 07 09, tgl. 9.30–19 Uhr. Schnuckeliger Salon de thé. Hausgemachte Kuchen sowie salzige Tartes und Salate. Große Kaffee- und Teeauswahl.

Einkaufen

Feinkostinstitution – **Traiteur Chez Annie** 1: 5, rue Clemenceau, tgl. 7–20 Uhr, Juli–Aug. bis 22 Uhr, im Winter Mo geschl. Olivenöl, Honig, Weine, v. a. aber feine Käse- und Wurstspezialitäten, auch Gerichte zum Mitnehmen.

Der Nordwesten

Glasbläserkunst – **Dcampanaglass** 2: Quartier Calellu, unter der Zitadelle. Aus der Glasbläserwerkstatt kommen zauberhafte Transparentobjekte.

Traditionsmesser – **Coutellerie d´Art Pol Demongeot** 3: Fort Mozello, am Friedhof, Tel. 04 95 65 32 54, unregelmäßig geöffnet. Hier gibt es die traditionellen korsischen Messer.

Ausgehen

Junges Korsika – **Club K´fé et Club 24** 1: Quai Landry, Tel. 04 95 60 57 44, tgl. 23–4 Uhr. Disco, Lounge und Terrasse am Hafenkai. DJ und Livemusik. Hier tanzt die korsische Jugend.

Ehrwürdiger Jazzclub – **Chez Tao** 2: Rue St-François, Tel. 04 95 65 00 73, www.cheztao.com, Ende Mai–Okt tgl. 20–5 Uhr. Im Bischofspalast der Zitadelle befinden sich die jahrhundertealten Gewölbe, unter denen Tao-By sich an den Flügel setzt.

Sport und Aktivitäten

Strände – Die Bucht von Calvi hat einen 6 km langen Sandstrand; nach Norden schließen sich kleine Buchten mit hellem Sand an, darunter die **Marine de Sant'Ambroggio**.
Besonders schön ist das Baden am langen Strand von **Algajola** (15 km nordöstlich), wo das Meer schnell tief wird und bei Westwind kräftige Wellen produziert.

Bootsausflüge – **Colombo Line** 1: Quai Landry, Tel 04 95 65 32 10, www.colombo-line.com. Tages- und Nachmittagsfahrten um die landschaftlich wunderschöne, wilde Halbinsel Scandola nach **Girolata** (s. S. 68), ab 37 €, Abfahrt ca. 9 und 14 Uhr. Auch nach Ajaccio startet in regelmäßigen Abständen eine Fahrt. In der Saison unbedingt vorbuchen.

Tauchen – **Sub Corsica** 2: Marine de Sant'Ambroggio, Lumio, Tel. 04 95 60 75 38. Die Tauchschule bietet Kurse und Ausflüge zu mehr als 30 Unterwasserwelten an.

Gleitschirmfliegen – **Col de Salvi** 3: Am Pass (509 m) hat man einen tollen Blick über die Bucht – und guten Aufwind.

In Calvis Unterstadt trifft man sich zum Essen und Ausgehen

Golf von Porto

Infos und Termine

Office de Tourisme: Port de Plaisance, zwischen Bahnhof und Jachthafen, Tel. 04 95 65 16 67, www.balagne-corsica.com, Hochsaison tgl. 9–12.30, 15–18.30 Uhr, sonst Mo–Fr 9–12, 14–17 Uhr. Im Sommer eine Zweigstelle im Eingang der Zitadelle.

Zug: Vom Bahnhof verkehrt in der Hochsaison stdl. die Tramway de Balagne mit Stopps an allen Stränden bis L'Ile-Rousse. 2 x tgl. außerdem ein Zug nach Bastia (in Ponte-Leccia Umsteigemöglichkeit nach Ajaccio).

Granitola: Karfreitag. Mittelalterliche Büßerprozession von der Kirche Saint-Jean-Baptiste zum Hafenviertel.

Festival de jazz: Letzte Juniwoche, www.calvi-jazz-festival.com. Kostenlose Open-Air-Konzerte am Tage und große Programme am Abend.

Rencontres de Chants Polyphoniques: Zweite Septemberwoche in der Zitadelle. Vokalmusikfestival mit Künstlern aus aller Welt.

Festiventu: Ende Oktober, www.lefestivalduvent.com. Großes Inselfest rund um den Wind und den Umweltschutz.

In der Umgebung

Die Kapelle **Notre Dame de la Serra** liegt 216 m hoch auf dem Hügel über der Stadt. Man erreicht sie zu Fuß aus der Vorstadt oder über die D 81b nach Süden und nach 4 km links bergan, vorbei an vom Wind ausgehöhltem Gestein. Oben eröffnet sich der schönste Blick über Stadt und Bucht. Von dort lohnt eine Wanderung zum **Capu di a Veta,** für Hin- und Rückweg muss man fünf Stunden einplanen.

Für einen Abendspaziergang mit herrlicher Aussicht über die Gegend bietet sich das schöne Dorf **Lumio** an, 6 km östlich von Calvi auf der N 197. Das oberhalb von Lumio gelegene Ruinendorf **Occi** erreicht man auf einem Pfad, der gegenüber dem Campingplatz Le Panoramic beginnt.

Am linken Ufer der Figarella erreichen Sie über die D 81 und D 251 die **Forêt de Bonifatu** (▶ C 4/5). Schon bald schiebt sich auf der 22 km langen Strecke der Wald näher an die kurvige Straße, Badegumpen im Fluss laden zum Hinunterklettern ein. An der Auberge de la Forêt (536 m, Restaurant und Unterkunft) endet die Straße. Ein breiter Wanderweg führt weiter flussaufwärts in 30 Min. zur Basis des grandiosen **Cirque de Bonifatu** (▶ D 5). Auf dem rot-weiß markierten, steilen Weg gelangen Sie nach Spasimata, zum Refuge de Carrozzu (1392 m) und einer abenteuerlichen Hängebrücke (hin und zurück ca. 5 Std.).

Golf von Porto ▶ B/C 6

Der Golf von Porto, Teil des Parc Naturel Régional de Corse und UNESCO-Weltnaturerbe, bezaubert durch die Dramatik der Felsabstürze und ein Form- und Farbenspiel von rotem Granit und tiefblauem Meer. Auf einem Ausflug in die **Calanche** können Sie dies eindrucksvoll selbst erleben (**direkt 7** ▶ S. 66).

Im Ferienort **Porto** (600 Einw.) an der Mündung des gleichnamigen Flusses und tief eingeschnitten in der Bucht reiht sich unter dem Genueserturm ein Hotel mit Restaurant ans nächste. Eine von hundertjährigen Eukalyptusbäumen beschattete Allee führt landeinwärts, am Ufer liegen Ausflugsboote und die kleine Fischerflotte.

Wahrzeichen von Porto ist der **Genueserturm** mit einem kleinen Museum über den genuesischen Verteidigungsgürtel an der korsischen Küste (Juli–Aug. 9–21, Nebensaison 11–19 Uhr, 2,50 €, Kinder unter 12 J. gratis, Kombiticket Turm und ▷ S. 68

7 | Fantastische Verwitterung – die Calanche

Karte: ▶ B/C 6 | **Anfahrt:** Pkw-Ausflug ab Porto, inkl. Strandabstecher 30 km

Das ›Weltwunder‹ der Tafoni hat immer wieder Poeten inspiriert, und in jedem Reisenden, der vor ihnen steht, erwacht ein Dichter. Vor allem gegen Abend, wenn die fantastischen Felsformationen im Licht der tief stehenden Sonne sich vor dem blauen Meer leuchtend rot färben.

Die schönste Beschreibung der Tafoni stammt aus der Feder Maupassants, der die verblüffenden Felsen in dem unbekannt gebliebenen Roman »Une vie« (1884) als »Bäume, Pflanzen, Tiere, Monumente, Mönche in Kutten, gehörnte Teufel und Riesenvögel, ein ganzes widernatürliches Volk, eine versteinerte Menagerie von Alpträumen« gesehen hat. Die bizarren Hohlformen (kors. *tafonare* = durchlöchern) sind im Mittelmeerraum nirgends markanter ausgeprägt als in Korsika und dort am eindrucksvollsten in der Calanche. In der Tat erscheinen die senkrecht geklüfteten und tafonierten Granulitkämme, die aufgrund von Temperaturdifferenzen in einem langen Abschuppungsprozess von innen her ausgebröckelt sind, als verrückte Ansammlung von Fabelwesen. Der magische Tiergarten liegt zwischen Porto und Piana etwa 300 m über dem Meer direkt an der Aussichtsstraße (D 81) und erstreckt sich über kaum zwei Kilometer.

Die ›Burg‹
Château Fort [1] heißt der festungsähnliche Gesteinsblock, den Sie auf einem 20-minütigen Spaziergang vom Parkplatz am **Tête du Chien** [2] (Hundekopf) erreichen. Der Weg ist orange markiert und stark frequentiert, von daher nicht zu verfehlen. Festes Schuhwerk sollten Sie dabeihaben. Von der mit Tafoni gesäumten Aussichtsplattform bietet sich ein spektakuläres Panorama über dem Golf von Porto.

7 | Die Calanche

Der Maultierpfad

Oberhalb des Parkplatzes sehen Sie, vorbei am **Chalet des Roches Bleues** 3, auf der linken Straßenseite die Immaculata, eine Marienstatue. Daneben steigt sehr steil ein Pfad hoch, der Sie auf den **Sentier des Muletiers** 4 bringt. Dieser alte Verbindungsweg zwischen Ota und Piana wurde auf dieser felsigen Passage gepflastert und mit einer Trockensteinmauer gesichert. Folgen Sie ihm, bis er bergeinwärts schwenkt, und kehren Sie dann wieder um – die atemberaubendsten Ausblicke bieten sich auf dem Rückweg, wenn die Bucht vor Ihnen liegt (hin und zurück 1 Std.).

Piana und der Strand

Piana 5 liegt gerade einen Kilometer entfernt in einem Umfeld von grauem Granit, der mit dem roten Granit der Calanche schön kontrastiert. Der Ort, ausgezeichnet als eines der schönsten Dörfer Frankreichs, bietet ›Balkonblick‹ auf die roten Felsen vor dem Hintergrund des Golfs von Porto. **Les Roches Rouges** 1 heißt das 1912 hier gebaute Palasthotel, dessen Speisesaal als *monument historique* eingestuft ist und seinen Gästen von den meerseitigen Zimmern abends ein ›Feuerwerk der Calanche‹ bietet. »Manchmal glaubte ich«, schreibt der hier im September 1995 einlogierte Winfried G. Sebald Maupassants Menagerie-Erlebnis fort, »in dem Geflacker die Umrisse brennender Pflanzen und Tiere zu erkennen oder die eines zu einem großen Scheiterhaufen geschichteten Volks. Sogar das Wasser drunten schien in Flammen zu stehen.« Wenn Sie übrigens vom Kirchplatz die Serpentinen zum Strand von **Ficajola** 6 hinunterfahren, wiederholt sich der zauberhafte Anblick.

Info
Office de Tourisme: Piana, Tel. 04 95 27 84 42, www.sipiana.com

Stilvoll übernachten und speisen
Les Roches Rouges (Tel. 04 95 27 81 81, www.lesrochesrouges.com, April–Okt., DZ mit Meerblick 129 €, Menüs 34–44 €), ein großes herrschaftliches Haus vom Anfang des 20. Jh., wurde behutsam renoviert und hat seinen alten Charme bewahrt. Es bietet schlichte, aber geräumige Zimmer und noble Küche.

Der Nordwesten

Aquarium 6,50 €). Im **Aquarium de la Poudrière**, dem früheren Pulvermagazin gegenüber dem Office de Tourisme, tummeln sich heute 150 Arten der lokalen Unterwasserfauna (Juli–Aug. 8–21, Nebensaison 8–19 Uhr, 5,50 €, Kinder unter 7 J. frei).

Strände

In Porto gibt es neben dem 500 m langen Kieselstrand eine Badestelle am alten Hafen von **Castagna**, den man südwärts auf einem Pfad erreicht (30 Min.). Nördlich gelangt man über Stichstraßen zu den schönen, aber nicht mehr einsamen Kiesstränden **Plage de Bussaglia** (von Serriera), **Plage de Caspiu** (von Partinello) und **Plage de Gratelle** (über Osani). Traumhaft schön, aber winzig und nur über eine schmale Straße (D 624 hinter Piana) plus steilen Pfad (10 Min.) zu erreichen, ist der Strand von **Ficajola** im südlichen Golf. Der längste Sandstrand der Gegend, die **Plage d'Arone**, liegt 12 km hinter Piana an der D 824.

Übernachten

Ruhiges Anwesen – **L'Aiglon:** Rte. de la Plage de Bussaglia, Tel. 04 95 26 10 65, www.claiglon.fr, April–Okt., DZ 60–78 €. Eine Stichstraße von Serriera, 4,5 km nördlich von Porto, führt zu diesem anheimelnden Hotel, 500 m vom Strand auf 4 ha großem Anwesen.

Langer Strand – **Camping de la plage d'Arone:** Am Ende der D 824, 200 m vom Strand, Tel. 04 95 20 64 54, Mai–Sept., ca. 30 € für 2 P. mit Zelt und Auto. Gepflegter Platz mit noch jungen Bäumen in wunderschöner Lage. 100 Plätze, Stichweg zum Sandstrand.

Essen und Trinken

Frisch und delikat – **La Mer:** Am Ende der Marina, Tel. 04 95 26 11 27, Menüs 18 und 22 €. Kleines Fischrestaurant mit Blick auf Turm und Hafentreiben, schattige Terrasse.

Infos

Office de Tourisme: Pl. de la Marine, Tel. 04 95 26 10 55, www.porto-tourisme.com.

Schiffsverbindungen: Boote nach Calvi, Cargèse und Sagone.

In der Umgebung

In das Fischerdorf **Girolata** (▶ B 5) im malerischen Nachbargolf führen keine Straßen. Man kann vom Col de la Croix (D 424) auf einem Maultierpfad über den Sandstrand Tuara in knapp 2 Std. nach Girolata absteigen, sich dort in einem der Fischrestaurants stärken und auf demselben Weg zurückkehren. Am einfachsten gelangt man mit dem Boot von Porto dorthin. Mehrere Unternehmen bieten Ausflugsfahrten nach Girolata und/oder zum Naturreservat **La Scandola** an (30–45 €). Das Gebiet ist streng geschützt, aber die Schiffe fahren so nah an die Klippen heran, dass man mit etwas Glück einen Fischadler, Schreiseeadler oder Bartgeier ausmachen kann.

Evisa ▶ C 6

Von Porto führt die D 84 mit großartigen Ausblicken auf den **Col de Vergio** (1477 m, S. 73). Bevor man auf halber Strecke Evisa (830 m) erreicht, eröffnen sich immer wieder spektakuläre Blicke hinunter in die **Gorges de Spelunca** (direkt 8 ▶ S. 70). Kastanienwälder umgeben das Gebirgsdorf, in dem Ausflügler gerne Station machen. Oberhalb liegt die **Forêt d'Aitone** mit herrlichem Larizio-Kiefer-Bestand, Wasserfällen, Badestellen in den Flüssen und schattigen Wanderwegen. Der Fußweg beginnt gegenüber der Bar de la Poste.

Übernachten und Essen

Gemütlich – **Hôtel Aitone:** Evisa, Tel. 04 95 26 20 04, www.hotel-aitone.com, DZ 40–125 €, Menü ab 16 €. Traditionshotel mit Gebirgspanorama, großem Speisesaal und guter Küche.

Golf von Sagone ▶ B/C 7

Der Golf liegt vor der Mündung der drei Flüsse Liscia, Liamone und Sagone, die durch eine flache, stellenweise sumpfige Ebene führen. Lebendige Zentren sind das von Laubwäldern umgebene **Vico** (900 Einw.) im Hinterland und das auf rötlichen Felsen erbaute **Cargèse** (1000 Einw.) im Norden der Bucht. In den umliegenden Buchten sind **Sagone** und **Tiuccia** kleine aufstrebende Badeorte. Der schönste Ausblick auf den gesamten Golf bietet sich auf dem Weg nach Ajaccio (D 81) am **Col de San Bastiano**.

Strände

Um **Cargèse** stehen in hübschen Buchten – beliebte Gefilde für Windsurfer – vier feine Sandstrände zur Auswahl: gleich nördlich die breite, lange **Plage de Pero**, 6 km nördlich der traumhafte Strand von **Chiuni** tief im gleichnamigen Golf und südlich die **Plage de Ménasina** und **Plage de Stagnoli**.

Auf der Höhe von **Sagone** erwartet Sie ein breiter Sandstrand, dahinter von alten Bäumen beschattete Feriendomizile. Der tollste Strand der Gegend, die **Plage de Liamone**, ist Wind und Wetter ausgesetzt, daher ist die Brandung hier mitunter nicht ungefährlich.

Im **Golfe de la Liscia** schmiegt sich vor der Tour d'Ancone ein schöner Sandstrand ins Ende der Bucht. Ein wenig abgelegen, aber wunderschön ist der Sandstrand im **Golfe de Lava**, zu erreichen über die D 381 vom Col de Listincone. Die felsige Küste bei **Tiuccia** ist bevorzugtes Gebiet für Taucher und Schnorchler.

Übernachten und Essen

Für Strandromantiker – **Hôtel Thalassa:** 1,5 km nördlich von Cargèse, Plage de Pero, Tel. 04 95 26 40 08, DZ 80–150 €. Abends und morgens, wenn keine Badegäste da sind, hat man den Strand fast für sich. Vorzügliches Essen im Restaurant.

Für Wanderlustige – **Auberge des Deux Sorru:** Guagno-les-Bains, Poggiolo, Tel. 04 95 28 35 14, www.aubergedesdeuxsorru.com, DZ 55–85 €. Das Familienhotel ist ein guter Ausgangspunkt für diverse Tageswanderungen und bietet auch geführte mehrtägige Kleingruppenwanderungen an. Serviert wird herzhafte Landesküche mit Brocciu-Spezialitäten.

Infos und Termine

Office de Tourisme Cargèse: Rue du Dr. Dragacci, Cargèse, Tel. 04 95 26 41 31, www.cargese.net.
Office de Tourisme Sagone-Vico: Rte. de la Plage, Sagone, Tel. 04 95 28 05 36, www.golfedesagone.net.
U mele in festa: Sept., Honigmarkt in Murzo.

Ausflug zum Lac de Creno
▶ D 6

Von Vico auf der D 23 nach Guagno-les-Bains, von dort über Poggiolo (D 323) nach Soccia (D 123)
An den Hängen des Monte Rotondo (2622 m), über verschiedene Sträßchen zu erreichen, warten drei typische Bergdörfer auf Ihren Besuch: **Guagno**, **Orto** und **Soccia**. Soccia ist ein hervorragender Ausgangspunkt für Tageswanderungen in die Berge. In 3 Std. hin und zurück können Sie den **Lac de Creno** (1310 m) erwandern.

8 | Auf alten Genueserbrücken – in die Gorges de Spelunca

Karte: ▶ C 6 | **Anfahrt:** 10 km östlich von Porto, Wanderung ca. 1 ½ Std.

Die Steinbrücken ähneln sich auf frappierende Weise: schlichte Bögen über den Bergbach, keine 3 m breit , ›Eselsrücken‹ genannt. Bis in die unwegsamste Schlucht hinein wurden systematisch Trassen angelegt. Wer war hier unterwegs, was wurde transportiert, wohin ging die Fracht?

Wenn man von Porto die gut ausgebaute D 84 zum Col de Vergio fährt, eröffnen sich mehrfach spektakuläre Blicke in die 300 m tiefer gelegene Spelunca-Schlucht, deren Verlauf man von oben nur ahnen kann. Die Wasserläufe Aitone und Tavulella haben sich unterhalb von **Evisa** ins rote Granitgestein gegraben, zuerst getrennt, dann vereint, um kurz vor **Ota** einen dritten Bergbach (Lonca) aufzunehmen und zum Porto-Fluss anzuschwellen. Ein alter Maultierpfad führt durch die Schlucht und verbindet die beiden Bergdörfer miteinander. Sie kommen auf diesen jahrhundertealten Weg, wenn Sie von der Passstraße die Abzweigung nach Ota (D 124) nehmen und bis zur Straßenkehre an den **Deux Ponts d´Ota** 1 fahren. An der Doppelbrücke, unter der sich der Aitone mit der Lonca vereint, geht es gleich rechts in die Schlucht (Wegweiser »Spelunca Evisa«).

Wildromantische Szenerie

Der alte Maultierpfad ist gut ausgetreten und steigt an der Seite des munter sprudelnden Aitone auf natürlichen Steintreppen höher. Man wandert im Halbschatten der bis zu 5 m hohen Macchia-Sträucher und wechselt von sonnenbeschienenen Felsvorsprüngen in kühle Nischen mit Seitenzuflüssen. Wenn Sie aufblicken, sehen Sie die rosafarbenen Felsen des **Capu Rossu** 2 und der umliegenden Wände. 30 Min.

8 | In die Gorges de Spelunca

nach Eintritt in die Schlucht quert man ein Geröllfeld und gelangt ans Wasser. Unvermittelt stehen Sie vor dem **Pont de Zaglia** 3, der – ganz unter Erlen verborgen – den Tavulella-Bach überspannt. Die Brücke wurde 1745 von der Gemeinde Evisa nach genuesischem Muster errichtet, um den Schäfern den Auftrieb zu den Bergerien zu erleichtern. Sie ist heute eine Ruinenkulisse, hinter der der Tavulella mit dem Aitone, in den er mündet, eine wildromantische Gumpenlandschaft bildet.

> **Übrigens:** Die Trasse durch die Spelunca-Schlucht ist ein kurzes Teilstück des Fernwanderwegs **Tra Mare e Monti**, der landschaftlich sehr reizvoll die steil abfallende Westküste entlangführt. Sie können die Wanderung ausdehnen, wenn Sie in Ota starten und bis Evisa hochsteigen (3 Std.).

Kathedralenbau auf kleiner Stufenleiter

Kehren Sie auf demselben Weg zurück und gehen Sie noch 10 Min. den Weg weiter Richtung Ota, dann kommen Sie zu einem schöneren Exemplar, der erst jüngst restaurierten **Pianella-Brücke** 4. Es handelt sich um eine der noch etwa 30 existierenden Genueserbrücken, die im 15. Jh. gleichzeitig mit den Wachttürmen über den Buchten und Kaps landeinwärts in den Gebirgstälern entstanden. Man transportierte Käse, Wolle, Öl und Wein in die Häfen hinunter, wo der Export nach Ligurien organisiert wurde. Ein kunstvoller Bau, wie man an dem zierlichen, aus einer einzigen Schicht behauener Steine bestehenden Bogen und der gebrochenen Linie des getreppten Weges sieht. Eine solche Brücke wurde damals in weniger als einem Jahr von einer kleinen Handwerkermannschaft errichtet, die in Sachen Statik offensichtlich von der Kunst des Kathedralenbaus profitierte.

Berghütte und Taxidienst

Eine fast schon legendäre Institution ist der Gîte d'étape **Chez Félix** 1 (Tel. 04 95 26 12 92, www.gite-chez-felix.com, ganzjährig geöffnet, Mehrbettzimmer 15 €, DZ 40–60 €, Menü 23 €) in Ota. Das gemütliche Steinhaus mit der großartigen Panoramaterrasse ist die ideale Herberge für Wanderer, die dort eine zünftige Unterkunft, authentische korsische Küche und gute Tipps bekommen. Chez Félix ist auch ein Taxiunternehmen und bringt Sie zum Ausgangspunkt der Wanderung bzw. holt Sie am Zielpunkt wieder ab, Anruf genügt.

Das Dach der Insel

Ponte-Leccia ▶ E 4

Wo sich die Straßen nach Bastia, Calvi und Corte treffen, liegt Ponte-Leccia. Ein im Grunde belangloser Ort, der nie mehr als eine Wegkreuzung war, weshalb die Brücke über den Golo (17. Jh.) das einzige historische Monument ist, abgesehen vom Bahnhof, der seit Ende des 19. Jh. Durchgangsstation für Touristen ist. Sie sind zum Umsteigen hier, kommen aus Bastia oder Ajaccio und wollen an die Strände der Balagne. So ist Ponte-Leccia eine Ort, wo man sich in den Läden Proviant besorgt und in einer der Bars für die Weiterfahrt stärkt. In der Umgebung gibt es aber auch ein paar Sehenswürdigkeiten.

Ponte Novu
N 193 Richtung Bastia, Audioguide (4 €) in der Bäckerei A Memoria gegenüber der Post von Castello-di-Rustino
Die alte Brücke, die »Neue Brücke« heißt, war Schauplatz der fatalen Entscheidungsschlacht, bei der die korsischen Patrioten unter der Führung Paolis (s. a. S. 54) am 8. Mai 1769 den französischen Truppen unterlagen.

Village des Tortues
7 km westlich (D 47, D 147), ausgeschildert, Tel. 04 95 47 85 03, Mitte Mai–Mitte Sept., 5 €, Kinder 2 €
Die Hermann-Schildkröte, vom Aussterben bedroht, wird hier aufgezogen und naturnah gehalten. Auf dem 2 ha großen Gelände leben 250 Tiere der prähistorischen Art, die es sonst nur noch in der Provence gibt. Besuch am besten morgens, bevor sich die Schildkröten der Hitze wegen verziehen.

Lana Corsa
N 193 Richtung Corte, nach 3 km auf die D 39 links über den Golo, www.lana-corsa.com, Mo–Sa 9–19 Uhr, Museum 5 €
Initiative zur Verarbeitung korsischer Schafswolle in naturbelassenen Farben und mit Ornamentalmustern, die an die korsische Architektur angelehnt sind. Dem Strick- und Webatelier ist ein interessantes Museum angeschlossen.

Sport und Aktivitäten
Erlebnissport – **In Terra Corsa:** Im Bahnhof, Tel. 04 95 47 69 48, www.in terracorsa.com. Vom Wandern und Mountainbiking über Klettern und Canyoning bis hin zu Kajak und Rafting wird hier alles für ein sportliches Abenteurer im Hochgebirge angeboten.

Verkehr
Zug: 4 x tgl. nach Bastia und Ajaccio, 2 x tgl. nach Calvi.

Asco-Tal ▶ D/E 4/5

Eine erst 1937 gebaute Straße führt in den lange von der Außenwelt abgeschlossenen Bergkessel direkt unterhalb des **Monte Cinto**, des mit

2706 m höchsten Bergs von Korsika. Hinter der Hochebene bei Ponte-Leccia, wo der Asco-Fluss in den Golo mündet, ist das von trockener Hochmacchia bewachsene Tal noch relativ breit, doch bald schließen sich rosa Granitwände um den Fluss und die Straße schraubt sich durch die Gorges de l'Asco. Oberhalb des einzigen Dorfes **Asco** wird es grün, der Fluss lädt zum Baden ein. Höher und höher führt die Straße in den Pinienwald **Forêt de Carrozzica**, bis sie auf 1450 m in Haut-Asco auf einem hässlichen Schotterplatz endet. Ab hier führen Wanderwege über die Baumgrenze in die Hochgebirgswelt hinein. Wer Glück hat, kann Mufflons, Bartgeier oder sogar Königsadler sichten.

Übernachten und Essen

Bergblick – **Le Chalet:** Haut-Asco, Tel. 04 95 47 81 08, www.hotel-lechalet-asco.com, Mai–Mitte Okt., DZ 65–80 €, Mehrbettzimmer 12 € p. P., Menüs 18–25 €. Ideale Lage für Gebirgswanderer. Renovierte Zimmer mit Blick auf den Monte Cinto. Herzhafte Küche.

Einkaufen

Das Asco-Tal ist berühmt für seinen cremigen **Wacholderhonig** *(miel de genévrier)*, den es direkt bei den Erzeugern zu kaufen gibt.

Sport und Aktivitäten

Wandern – **GR 20:** Der rot-weiß markierte Fernwanderweg verläuft nach Norden und Süden; die Anfangspunkte sind ausgeschildert – wer weiter als ein paar Stunden laufen oder auf den Gipfel will, braucht eine Wanderkarte.

Bergsteigen – **Monte Cinto:** Den Berg kann man auf markiertem Weg in 6 Std. (einfache Strecke) erklimmen.

Hirtenroute – **Im Tal der Pinara:** Am westlichen Ende des Dorfs Asco, wo der Stranciacone und die Pinara zum Asco-Fluss zusammenfließen, führt eine steile, enge Straße zu einer fast 500-jährigen Genueserbrücke hinunter. Hier beginnt ein Wanderweg, der zur Bergerie Pinnera führt (hin und zurück 6 Std.).

Oberes Golo-Tal ▶ D/E 5

Wer von Bastia kommend das Inselinnere ansteuert, kennt den Golo als munter sprudelnden Bergbach in noch wenig spektakulärer Landschaft. Dies ändert sich, sobald man die Hauptroute nach Corte verlässt und die Straße Richtung Col de Vergio (D 84) einschlägt. Hinter Castirla flussaufwärts sieht man das grandiose Werk des Golo, der aus den Granitwänden eine kilometerlange Felsentreppe ausgespült hat, die **Scala di Santa Regina**. Wie beschwerlich es einst war, die Schlucht zu erklimmen, lässt sich beim Anblick der alten Eselspfade ahnen, die noch hier und da erhalten sind.

Am Ausgang der Schlucht öffnet sich der Blick auf das **Niolu-Becken** (direkt 9 ▶ S. 74) mit dem Hauptort **Calacuccia**, einer beliebten Sommerfrische. Mit dem Wasser des 1968 angelegten Stausees wird das E-Werk in Ponte Castirla gespeist und Strom für die ganze Insel gewonnen, bevor es zur Bewässerung in die Felder der Plaine orientale geleitet wird (nicht stromabwärts vom Damm im Fluss baden!). Oberhalb von Calacuccia geht es durch den Wald von Valdu-Niellu, vorbei an frei weidenden Schweinen, hinauf zum **Col de Vergio**, dem mit 1477 m höchsten Pass Korsikas. An der Skistation kreuzt die Passstraße den GR 20.

Verkehr

Bus: Juli–Mitte Sept. Mo–Sa 1 x tgl. zwischen Corte und Calacuccia, Tel. 04 95 48 00 04. ▷ S. 78

9 | Auf den Spuren der Urkorsen – im Niolu

Karte: ▶ C/D 5/6 | **Kombinierte Pkw- und Wandertour:** 45 km, 1–3 Tage

Unterhalb der schneebedeckten Gipfel ist die Heimat der Hirten, die – so will es der Mythos – die wahren Korsen sind, wie sie seit Urzeiten gelebt haben: naturnah und unabhängig. Einst von der Außenwelt abgeschlossen, ist das Niolu heute ein Eldorado für Wanderer, die ihren Wagen an der Passstraße stehen lassen und auf Hirtenpfaden ins korsische Hochgebirge vorstoßen.

Das Niolu ist ein 15 x 10 km großes Becken, das der Golo-Fluss zwischen den Massiven des Monte Cinto (2710 m) im Norden, der Paglia Orba (2525 m) im Westen und der Punta Artica (2327 m) im Süden in die Landschaft gegraben hat. Die Dörfer Calacuccia (847 m), Casamaccioli, Albertacce (870 m), Lozzi (1040 m) und Calasima (1095 m), die höchstgelegenen der Insel, kriechen in die Senke und liegen nur knapp unter der 1200-m-Grenze, über der bis ins Frühjahr hinein Schnee liegt. Etwa 2000 vorwiegend ältere Menschen wohnen noch hier, viele haben in den letzten Jahrzehnten die Bergenklave verlassen.

Archäologische Spurensuche

In der schmalen Wohnzone ist man auf Spuren prähistorischer Besiedlung gestoßen. Im 6. Jt. v. Chr. waren Steinzeitmenschen den Golo hochgezogen und suchten Schutz vor neu anlandenden Volksgruppen. Mit der Bevölkerungszunahme im 4. bis 2. Jt. v. Chr. errichteten die Niolu-Bewohner im abgeschlossenen Kessel auf geeigneten Hügeln außerdem Befestigungsanlagen. Aus dieser Zeit datieren Menhirstatuen (Ponte Altu), ein Steinkistengrab (Sovezzia) und Dolmen (Casamaccioli), die das Vordringen der Megalithkultur in die nördlichen Bergregionen belegen. Die bedeutendsten Fundstücke sind im **Archäologischen Museum** 1 von

9 | Im Niolu

Albertacce zu besichtigen (Juli–Mitte Sept. tgl. 10–12.30, 13.30–17.30 Uhr). Es trägt den Namen ›Licninoi‹, mit dem der griechische Geograf Ptolemäus einen der zwölf Volksstämme bezeichnete, die vor den Römern Korsika kolonisiert haben sollen. In den Vitrinen sehen Sie neben querschneidigen Pfeilspitzen Tongefäße, deren Ornamente mit Muschelrändern ausgekratzt worden sind. Besonders eindrucksvoll sind das rekonstruierte Steinkistengrab von Sovezzia und der fast schon klassisch anmutende ›Kopf von Ponte Altu‹.

Nach dem Museumsbesuch empfiehlt sich ein kleiner Spaziergang zum **Abri Albertini** 2, dem wichtigsten Fundort. Man erreicht ihn, wenn man an der westlichen Ortsausfahrt am Holzkreuz den Schildern (»Sentiers du Niolu«, »Calasima«) folgt. Der prähistorische Wohnplatz (*abri* = Unterstand, Obdach) besteht aus Felsblöcken, die heute zu einem Viehpferch gehören.

Die Teufelsschmiede

Prosper Mérimée hat nicht nur romantische Novellen geschrieben, sondern auch einen Bericht über die tischförmigen Steingräber der Megalithiker, die Dolmen bzw. im korsischen Volksmund ›Teufelsschmieden‹ heißen. Mérimée erwähnt darin eine »Gruppe von Steinen«, die »in einem sehr entlegenen Teil der Insel, mitten in den höchsten Bergen des Niolu« ein auffälliges Phänomen darstellen. Er meinte damit die **Bocca a Stazzona** 3, die aber nicht das Werk der Urbewohner, sondern eiszeitlicher Gletscherströme ist, die das Becken des **Lac de Nino** 4 ausgehobelt und auch den davorliegenden Pass glattgeschliffen haben. Für Wanderer ist der Weg hinauf zu dieser riesigen Felsenterrasse eine äußerst reizvolle Tour, für die gut 5 Std. zu veranschlagen sind. Sie beginnt 10 km hinter Albertacce am Forsthaus (Maison forestière) Poppaghia, das direkt an der Passstraße (D 84) im **Valdu-Niellu-Wald** 5 liegt. Der beschilderte und markierte Weg führt zunächst bequem durch den Hochwald, bis es nach einer guten Stunde in die Felsplatten hineingeht. Der steile Aufstieg im glatt geschliffenen Fels ist gut zu bewältigen, wenn man gelegentlich die Hände zu Hilfe nimmt und genau auf Steinmännchen und Markierungen achtet.

Wer oben auf der Bocca steht, ist überwältigt von den Naturphänomenen: der Nino-See, die Niolu-Senke, der durchlöcherte Berg (Capu Tafunatu), die Felsbrocken auf dem Pass. Letztere sind die ›Versteinerten Ochsen‹ des Teufels, der sich auf dem Pass einen Pflug schmiedete und den Hammer, als ihm die Pflugschar am ersten Felsen zerbrach, mit durchschlagender Wucht gegen das gegenüberliegende Gebirge schleuderte. Man kann unschwer erkennen, dass die Hirten des Niolu sich mit der Legende ihren Konflikt mit den Ackerbauern von der Seele erzählten und sich immer freuten, wenn sie an der Bocca an den Felsbrocken vorbeikamen, den Zugtieren des Satans, die nach seinem Wutausbruch versteinert dastanden und nicht mehr zu gebrauchen waren.

Unten am Nino-See locken die Graspolster der Uferweiden zum Picknick.

> **Übrigens:** Der **Valdu-Niellu**, einer der schönsten Gebirgswälder Korsikas, bedeckt eine Fläche von 4638 ha. Über 30 m hohe und an die 500 Jahre alte Laricio-Kiefern bilden die oberste Etage des Hochwalds, Birken und Buchen sind untergemischt, bodennah dominieren die Büschel der korsischen Nieswurz.

Das Dach der Insel

Manchmal umgibt den Lac de Nino eine verzaubert mystische Stimmung

Auf Transhumanzwegen

Das vom Golo gegrabene Niolu-Becken wird – zwischen 1400 und 1700 m – von einem Bergerienkranz umsäumt, der den unteren Rand der Sommerweiden markiert. Die Almwiesen reichen über die Pässe und Gratlinien bis knapp unter die Gipfel und liegen den Großteil des Jahres unter Schnee. Aber den Sommer (Juni–Sept.) verbringen die Niolu-Hirten mit ihren Schaf- und Ziegenherden auf diesen saftigen Hochgebirgsweiden. Wer diese Hirtenwelt erleben will, muss sich auf die Transhumanzwege begeben.

Die einfachste Wanderung führt zur **Bergerie Gradule** 6, ein Spaziergang, wenn man mit dem Auto bis knapp unter den Col de Vergio hochfährt und in der ersten Haarnadelkurve (›Fer à Cheval‹) unterhalb der Skistation parkt. Ein hier von der Passstraße nordwärts abzweigender Pfad mündet stracks auf den GR 20 (rot-weiße Markierung) und hinein in ein Felsenspektakel, in dem unten ein Wasserfall, die **Cascade de Radule** 7, rauscht. Sie sind gerade 20 Min. gelaufen, und schon tauchen die Steinbauten der von Bauern aus Albertacce bewirtschafteten Bergerie auf.

Wenn Sie etwas mehr Zeit und Lust auf ein noch intensiveres Naturerlebnis haben, dann kehren Sie jetzt nicht um, sondern steigen Sie, vorbei an Kupferkesseln und Schweinekoben, hinunter ins Golo-Tal, wo eine wildromantische Szenerie aus bizarren Felsbrocken, umgestürzten Kiefern und dunklen Badegumpen zum Verweilen einlädt. Der Weg überquert im weiteren Verlauf wiederholt den Golo und führt, von Gumpe zu Gumpe, allmählich höher in den Talschluss hinein, wo man unterhalb des Capu Tafunatu (links, 2335 m) und der Paglia Orba (rechts, 2525 m) nach 1 ¾ Std. Gehzeit die **Bergerie de Tula** 8 erreicht.

Für den Weg zur ersten Bergerie sollten Sie hin und zurück etwa eine Dreiviertelstunde einplanen, zur zweiten Bergerie 4 Std.

Infos

Office de Tourisme du Niolo:
Route de Cuccia, Calacuccia, Tel. 04 95 48 05 22, www.office-tourisme-niolu.com, Mo–Fr 9–12, 14–18 Uhr, in der Saison durchgehend. Hier gibt es die Spezialbroschüre »Niolo« mit Routenvorschlägen und Informationen.

Association sportive et culturelle:
Tel. 04 95 48 05 22, www.asniolu.com, spezielle Auskünfte über den Zustand der Wanderwege, geführte Wanderungen und Infos über Angebote für Kletter- und Wassersportler

Das Hirtenfest

Die Almzeit endet am 8. September mit dem dreitägigen Hirtenfest in **Casamaccioli** 9, wo die speziellen Traditionen der ›Niolins‹, an die sich heute der Mythos von den Urkorsen heftet, noch zu Ehren kommen: der Brocciu-Frischkäse, der aus Ziegenhaar gewebte *pelone*, der mehrstimmige Paghjella-Gesang. Die religiöse Zeremonie um die heilige Jungfrau (La Santa), die dem Fest den Namen gibt, ist der Auftakt für einen großen Jahrmarkt mit Verkaufsständen, Schießbuden und vielem mehr.

Niolu-Küche

Im Weiler Sidossi, 2 km westlich von Calacuccia, lernen Sie direkt am See im **Restaurant du Lac** 1 (Tel. 04 95 48 02 73) authentische Regionalküche kennen. Monsieur Grimaldi macht seine Charcuterie selbst und am Herd steht ein Liebhaber alter Rezepte.

Klosterherberge

Im **Couvent Saint-Francois** 1 (Tel. 04 95 48 00 11, DZ 46–48 €, Mehrbettzimmer 16 € p. P.) an der D 84, 1 km hinter Calacuccia und am Glockenturm erkennbar, gibt es in reizvoller Lage und historischem Gemäuer (17. Jh.) tadellos renovierte Doppel- und Mehrbettzimmer, Gemeinschaftsküche und Refektorium.

Aufstieg zum Monte Cinto

Von Lozzi ist der Aufstieg auf den höchsten Gipfel Korsikas (2706 m), den **Monte Cinto** 10, in gut 3 Std. zu schaffen – vorausgesetzt Sie sind in bester Kondition, die Wetterlage ist stabil und Sie sind ausgerüstet mit Karte, Proviant, Wasser sowie robustem Schuhwerk. Für weniger Routinierte empfiehlt sich ein Bergführer.

Das Dach der Insel

Corte ▶ E 6, Cityplan S. 79

Corte (6700 Einw.) im Herzen der Insel ist die heimliche Hauptstadt Korsikas. Pasquale Paoli (s. S. 54), dessen Denkmal in der Stadtmitte einen Ehrenplatz einnimmt, wählte Corte als Regierungssitz und gründete hier eine Universität. Die ›goldene Zeit‹ dauerte allerdings nur 14 Jahre (1755–69). Die Universität wurde erst 1981, nach heftigen Demonstrationen für mehr kulturelle Autonomie, wieder eröffnet. Fast 4000 Studenten leben in der Stadt, die mit ihrem Museum, dem Radiosender Corti Vivu und Kulturveranstaltungen korsischer wirkt als die Küstenstädte, das ›italienische‹ Bastia oder das ›französische‹ Ajaccio.

Ob sie vom Norden oder Süden, von der Ost- oder Westküste anreisen, alle Besucher sind schon bei der Anfahrt fasziniert von der hoch aufragenden »Akropolis von Korsika« (Gregorovius), der **Zitadelle** (direkt 10) S. 80, Cityplan **1** – **2**). Sie beherrscht die Altstadt (Ville Haute), deren historisches Flair man über Rampen und Gassen zu Fuß erkunden muss. Mit dem Auto erreicht man die Unterstadt (Ville Basse), die von einer zentralen Achse durchschnitten wird, dem **Cours Paoli**. Das ist die häufig vom Verkehr verstopfte Promeniermeile, an der sich die Banken, Geschäfte und Bars aneinanderreihen.

Place Paoli und Place Gaffori

Der Cours Paoli mündet in die Place Paoli mit der Bronzestatue des **Babbu di a patria** **3**. An diesem quirligen Knotenpunkt geht es rechts zur Altstadt hinauf, in deren Mitte die Place Gaffori erneut mit einer Statue an einen nationalen Helden erinnert. 1748 beschoss General Gaffori die Zitadelle, obwohl die Genuesen seinen Sohn als lebenden Schutzschild an die Außenmauer hängten. »Denkt nicht an meinen Sohn, denkt ans Vaterland«, schrie damals Gafforis Frau Faustina, die ein paar Jahre später mit der Drohung, ihr belagertes Haus in die Luft zu jagen, die eigenen Leute ähnlich heroisch zum Durchhalten zwang. Das Kind überlebte wie durch ein Wunder, und die **Maison Gaffori** **4** – noch heute von Schussspuren gezeichnet – widerstand. Auf der gegenüberliegenden Seite des Platzes steht die **Eglise de l'Annonciation** **5** (Verkündigungskirche) von 1450, eines der ältesten Gebäude der Stadt.

Palais National **6**

Der Nationalpalast ist der einzige verbliebene zivile Bau genuesischer Architektur auf der Insel, einst Sitz des genuesischen Statthalters. Unter Paolis Herrschaft waren hier die Nationalversammlung und die Universität untergebracht, heute beherbergt er die geisteswissenschaftliche Fakultät und das Institut für korsische Sprache.

Belvédère **7**

Unterhalb der Zitadelle ist der Weg zum Aussichtspunkt ausgeschildert: inmitten der Berge weitet sich das Tal, in dem drei Flüsse (Tavignano, Restonica, Orta) sich vereinigen.

Übernachten

Günstiges Wandererquartier – **Hôtel HR** **1**: Allée du 9 Septembre, Tel. 04 95 35 11 11, www.hotel-hr.com, April–Sept., DZ 30–50 €. Ein schlichtes Quartier, bahnhofsnah, in dem vor allem junge Wanderer Station machen.
Zentrale Lage – **Hôtel du Nord** **2**: 22, cours Paoli, Tel. 04 95 46 00 68, www.hoteldunord-corte.com, DZ 68–95 €, Parkplatz kostenlos. Cortes ältestes Hotel, eine ehemalige Poststation, liegt an der Hauptstraße. ▷ S. 82

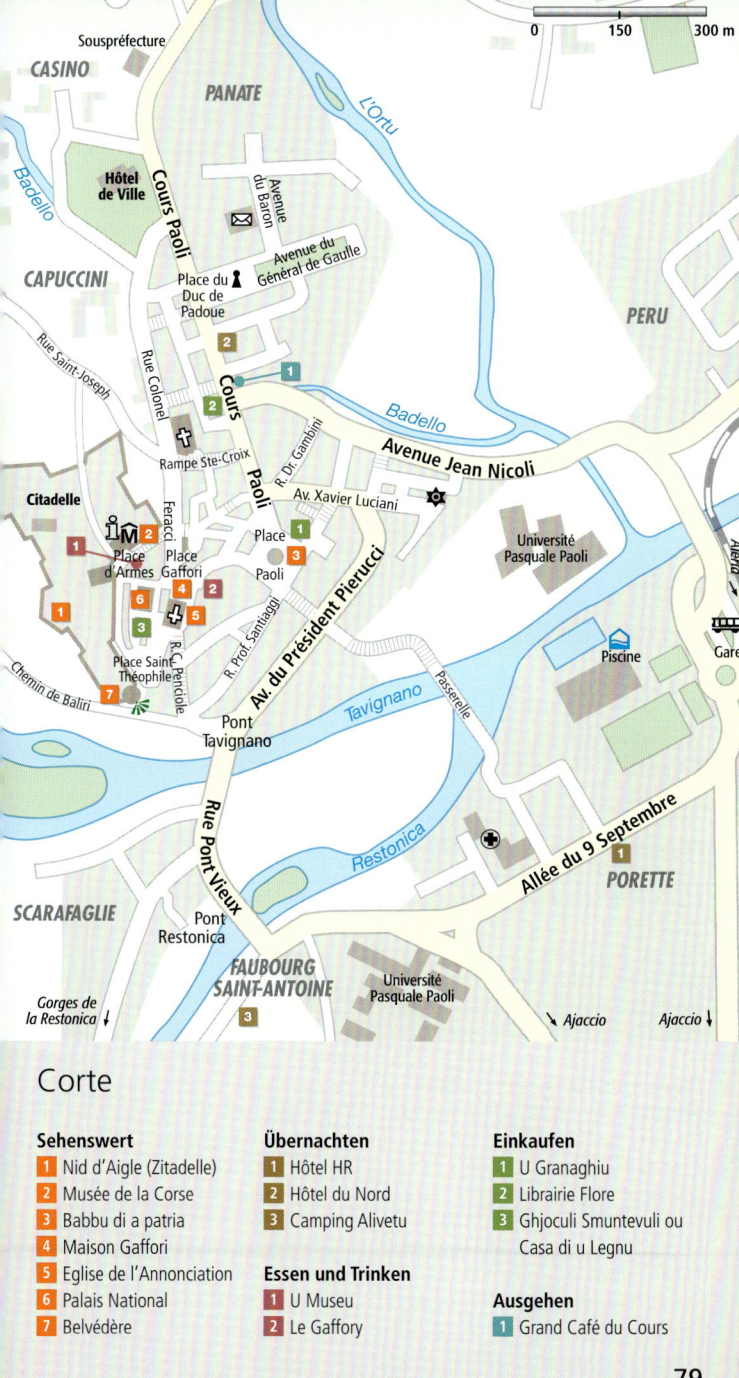

Corte

Sehenswert
1. Nid d'Aigle (Zitadelle)
2. Musée de la Corse
3. Babbu di a patria
4. Maison Gaffori
5. Eglise de l'Annonciation
6. Palais National
7. Belvédère

Übernachten
1. Hôtel HR
2. Hôtel du Nord
3. Camping Alivetu

Essen und Trinken
1. U Museu
2. Le Gaffory

Einkaufen
1. U Granaghiu
2. Librairie Flore
3. Ghjoculi Smuntevuli ou Casa di u Legnu

Ausgehen
1. Grand Café du Cours

10 | Symbol des Widerstands – die Zitadelle von Corte

Karte: ▶ E 6 | **Cityplan:** S. 79

Von den sechs Zitadellen auf Korsika ist diejenige von Corte die einzige im Landesinneren. Imponierend ihre Lage hoch über dem Zusammenfluss von Restonica und Tavignano. Für Durchreisende ist der Besuch ein Muss – nicht nur wegen des großartigen Ausblicks …

Kernstück der Festungsanlage ist die Burg, die Vincentello d'Istria 1420 auf dem 111 m hohen Stadtfelsen errichten ließ. Der korsische Adelige stand in Diensten Aragons und trug den Titel Vizekönig von Korsika. Es gelang ihm zunächst, große Teile der Insel von den Genuesern zu befreien, bis er 1433 scheiterte und die Festung an die Besatzer fiel. Während der Befreiungskriege gelang es den Korsen immer wieder, die Burg für kurze Zeit zurückzuerobern. So wurde sie zu einem Symbol des Widerstands.

Die Burganlage

In die Burganlage gelangt man über die Place d'Armes. Der von Vincentello d'Istria am äußersten Felsrand errichtete Turm ist nicht nur der älteste, sondern auch der spektakulärste Teil der Anlage. Eine Treppe mit 97 Stufen führt hinauf zu diesem **Nid d'Aigle** [1], d. h. ›Adlerhorst‹, von dem sich eine großartige Aussicht auf die Berge bietet. Dieses Kernstück der Anlage ist gesichert durch eine 2,50 m hohe Mauer, die mit Zinnen versehen und durch drei felsverwachsene Türme verstärkt ist. Nach der endgültigen Niederlage der Korsen 1769 erweiterten die Franzosen die mittelalterliche Festung zu einer Zitadelle. Maßgebend war dabei das System des berühmten Generals und Festungsbaumeisters Vauban, nach dem in Frankreich 200 Jahre lang Bastionen errichtet wurden: keine toten Winkel, Schutz der Bastion durch zwei weitere und eine hohe Mauer.

10 | Die Zitadelle von Corte

Innerhalb der Zitadelle lag das arme Stadtviertel Casellace, dessen rund 600 Bewohner sich besatzerfeindlich verhielten und die auf 2000 Mann angelegte französische Garnison zweimal angriffen. Jahrzehntelang war die zivile Enklave Zielscheibe schikanöser Auflagen, bis die Häuser aus Sicherheitsgründen schließlich abgerissen wurden. An ihrer Stelle wurde 1853 ein Militärhospital errichtet, das drei Jahre später in ein Gefängnis für politische Häftlinge und Mitte des 20. Jh. in eine Kaserne umgewandelt wurde, die **Caserne Serrurier**.

Das Museum

Im Eintrittspreis für den Rundgang auf der Zitadelle enthalten ist der Besuch des **Musée de la Corse** 2, das sich in der Caserne Serrurier befindet. Zuletzt, d. h. von 1962 bis 1983, war hier die Fremdenlegion untergebracht.

Der italienische Architekt Andrea Bruno hat die alte Bausubstanz mit modernen Glas-, Beton- und Stahlkonstruktionen aufgewertet und einen sehr ansprechenden Museumskomplex geschaffen. Der zweistöckige Bau, der wurde 1997 eröffnet wurde, umfasst zwei lichte Galerien mit Ausstellungsflächen von jeweils 600 m².

> **Übrigens:** Das Musée de la Corse zeigt jedes Jahr eine große Sonderausstellung und publiziert zu diesem Anlass einen umfassenden Katalog, der den aktuellen Stand der Korsikaforschung präsentiert.

Im ersten Stock befindet sich die Sammlung des Abbé Doazan, eines Pioniers der korsischen Ethnografie. Sie umfasst 3000 Exponate, die das traditionelle bäuerliche Leben in Korsika und insbesondere die Hirtenkultur *(pastoralisme)* dokumentieren.

Im zweiten Stock geht es um das Korsika der Gegenwart, Themenschwerpunkte sind die Industrialisierungsversuche, die Entwicklung des Tourismus und die Suche nach einer korsischen Identität.

Das Musée de la Corse, im Beinamen ›Musée régionale de l´Anthropologie‹, hat einen ambitionierten Bildungsauftrag, und der symbolträchtige Ort, die Zitadelle, wurde ganz bewusst gewählt, denn die Bindung der Inselbewohner an ihr kulturelles Erbe *(patrimoine)* soll durch eine hochwertige, auch für Nicht-Korsen eindrucksvolle Präsentation vertieft und gestärkt werden.

Infos
Zitadelle: 22.6.–20.9. tgl. 10–20 Uhr, 1.4.–21.6. und 22.9.–31.10. Di–So 10–18 Uhr, sonst außer Fei Di–Sa 10–17 Uhr, 31.12.–14.1. geschlossen, letzter Einlass 1 Std. vor Schließung
Musée de la Corse: Tel. 04 95 45 26 06, www.musee-corse.com, Öffnungszeiten wie Zitadelle
Eintritt für Zitadelle und Museum 5,30 €, Audioguide 1,50 €, Führung ab 10 P.

Veranstaltungen und Publikationen
Das Museum bietet pädagogische Ateliers für Schulklassen an und richtet neben Vorträgen und Tagungen auch ›Journées du Patrimoine‹ aus. Verschiedene Publikationen sind käuflich zu erwerben, darunter die »Cahiers d'Anthropologie«, Ausstellungskataloge und diverse Broschüren zu landeskundlichen Themen. Für Kinder gibt es das geschichtsdidaktische Spiel »Napolissons«.

Das Dach der Insel

Die Zimmer nach hinten (Berge) sind ruhiger und geräumiger.
Naturnah am Fluss – **Camping Alivetu** 3: Faubourg Saint-Antoine, Tel. 04 95 46 11 09, www.camping-alivetu.com, April–Mitte Okt., 25 € für 2 P. mit Zelt, ruhig und schattig.

Essen und Trinken

Unter der Zitadelle – **U Museu** 1: Pl. du Poilu, Tel. 04 95 61 08 36, tgl., Okt.–Mai nur Mo–Sa, Menüs 15–17 €. Renommiert, und das aus gutem Grund: feine Pizzen, Salate, Kräutertarte, Wildschweinragout …
Im Herzen der Altstadt – **Le Gaffory** 2: Pl. Gaffori, Tel. 04 95 46 36 97, April–Sept., Menüs 15–21 €. Bodenständige Küche mit feinen Desserts. Einfach schön, um beim Essen das Leben auf dem Platz zu genießen.

Einkaufen

Am Cours Paoli findet man Sportgeschäfte für den Wanderbedarf und Zeitungsläden mit Ständern voller Straßen- und Wanderkarten. Korsische Spezialitäten locken in den Auslagen der Bäckereien oder in den Weinläden wenige Schritte von der Hauptstraße, wo man auch günstig offene Weine vom Fass bekommt. Überall weisen Schilder den Weg zu den *ateliers artisanaux* der Kunsthandwerker, die Töpferwaren, Holzspielzeug und Gewebtes anbieten.
Gaumenfreuden – **U Granaghiu** 1: Pl. Paoli, Hauptsaison bis 24 Uhr. Vorzügliche Auswahl an korsischen Erzeugnissen wie Clementinenkonfitüre, Myrtenlikör, Weine, Käse und Schinken.
Lesestoff – **Librairie Flore** 2: 5, Cours Paoli. Korsika-Literatur vom Wanderführer bis zur Belletristik.
Kunsthandwerk – **Ghjoculi Smuntevuli ou Casa di u Legnu** 3: Pl. Gaffori. Spielzeug aus Olivenholz, Schals aus korsischer Wolle.

Ausgehen

Institution – **Grand Café du Cours** 1: 22, cours Paoli, Tel. 04 95 46 00 33, tgl. 7–22 Uhr. Im ältesten Café von Corte kann man nach dem Stadtbummel ausspannen oder nach dem Abendessen korsischem Gesang lauschen.

Infos und Termine

Office de Tourisme Centru di Corsica: Eingang Zitadelle, Tel. 04 95 46 26 70, www.corte-tourisme.com, Juli–Aug. Mo, Mi, Sa 10–17, Di, Do, Fr 10–19, sonst Mo–Fr 9–12, 14–18 Uhr. Kostenlose Broschüre zur Stadterkundung (auch auf Deutsch) und Verleih von Audioguides.
Bahn: Petit Train (Touristenbahn) ab pl. Paoli (Juli–Aug.) bzw. Bahnhof mit französisch-englischem Kommentar (6 €). Inselbahn 4 x tgl. nach Ajaccio und Bastia (Umsteigemöglichkeit in Ponte-Leccia nach Calvi).
Christ mort: Karfreitag in der Altstadt Prozession bei Kerzenlicht
Cavall'in Festa: Mitte Juni Pferde-

Restonica-Tal

markt mit Vorführungen, Sportspielen, Handwerksmarkt und Verkauf von regionalen Erzeugnissen.

Tavignano-Tal ▶ D/E 6

In dieses wildromantische Tal führt keine Straße. Aus der Altstadt von Corte folgt man einem alten Verbindungsweg westwärts ins Hochgebirge hinein (ab der Zitadelle orange markiert). Nach einer knappen Stunde zweigt links ein Pfad zum Fluss hinab, wo schöne Badegumpen sind. Oben erreicht man nach 1 ½ Std. den Eingang der Schlucht. Eine wunderschöne zweitägige Rundwanderung führt durchs Tavignano-Tal hinauf und durch das Restonica-Tal wieder hinunter nach Corte.

Übernachten
Refuge de la Sega: Ab Corte 9 Std., zehn Schlaflager und Zeltplatz, Kochmöglichkeit. Reservieren unter Tel. 04 95 46 07 90.

Staugefahr: Im Sommer kommt es im Restonica-Tal zu erheblichen Staus. Um ihnen zuvorzukommen, muss man sehr früh (6–7 Uhr) oder am Vortag anreisen und eine Übernachtung einlegen. Einsamkeit in der schönen Natur findet man noch im Juni oder September. Im Mai ist das obere Tal möglicherweise noch nicht schneefrei.

Restonica-Tal ▶ D/E 6

Das von einem gewaltigen Gletscher ausgehobelte Tal liegt unterhalb des Monte Rotondo (2622 m) in einem wunderschönen Bergwald, dem die Brandschäden vom Sommer 2000 kaum anzumerken sind. Das wilde Gewässer, die Badegumpen, die ins Hochgebirge führenden Wanderwege locken Tausende von Urlaubern in das Naturschutzgebiet, in dem man Füchse, Felstauben und Königsadler zu Gesicht bekommen kann. Endstation für Pkw ist

Früh aufstehen lohnt, um das Bergpanorama am Lac de Melo im Restonica-Tal zu genießen

Das Dach der Insel

die **Bergerie Grotelle** am Ende der engen Straße; von Corte nach 15 km über die D 623 zu erreichen (Parken Juni–Sept. 5 €, Zufahrt für Wohnwagen und Campmobile nur bis Campingplatz). Wanderer starten von der Bergerie zu den Bergseen **Lac de Melo** (1 ¼ Std.) und **Lac de Capitellu** (2 Std.), die in wilder Karlandschaft direkt unter den Zinnen des Hauptgebirgskamms liegen.

Übernachten und Essen

Im Kiefernwald – **Camping Tuani:** 5 km hinter Corte, Tel. 04 95 46 11 65, Ostern–Sept. Grandioser Platz direkt am Bergbach.
Natursteinhaus – **Auberge de la Restonica:** 1,5 km von Corte, Tel. 04 95 46 09 58, www.aubergerestonica.com, April–Okt., DZ 50–90 €, Menüs 22–25 €. Das gediegene Berghotel ist bekannt für seine hervorragende korsische Küche. Speisesaal mit Kamin, hübscher Garten, schöner Pool.

Einkaufen

Bergerie Grotelle: Käse und Marmelade direkt vom Erzeuger.

Infos

Bureau d'information: 1 km hinter Le Refuge (3 km hinter Corte), in der Saison 9–12, 13–16.30 Uhr.

Venaco und Vivario ▶ E 6

Auf dem Weg zum Vizzavona-Pass (1163 m) kommen Reisende durch zwei Dörfer, die unterhalb der zentralen Gebirgskette ins östliche Hügelland blicken. **Venaco** (600 m) ist ein kleiner Touristenort mit einer manieristisch-barocken Pfarrkirche und alten Häusern, die Portalvorbauten und Deckengewölbe aufweisen. **Vivario** (650 m), die etwas kleinere und steilere Sommerfrische, birgt unter trutzig-hohen Steinhäusern eine terrassenartige Piazza mit Dianabrunnen. Beide Orte sind reizvolle Stationen am Rande der Passstraße, zugleich Haltestellen der korsischen **Eisenbahn**, die auf dieser Strecke die spektakulärsten Ausblicke bietet (**direkt 11** ▶ S. 85). Zwischen den beiden Orten überspannt der **Pont du Vecchiu** das Tal. Dieses Eisenbahnviadukt, ein wichtiges Teilstück der Gebirgsstrasse, wurde 1892–93 von Gustave Eiffel erbaut.

Fort Pasciola

Nordwestlich von Vivario, frei zugänglich
In der Verlängerung des Forts von Vizzavona 1770 zur Überwachung des Vecchiu-Tales erbaut, wurde es unter Napoleon in ein Gefängnis verwandelt, als den Franzosen die Rebellen von Fiumorbu zusetzten. Ruinen sind oberhalb der Bahnstrecke zu besichtigen.

Essen und Trinken

Authentische Küche – **Restaurant de la Place:** Venaco, Tel. 04 95 47 01 30, Juli/Aug. tgl., sonst Mi geschl., Menü 14 €. Sehr gute korsische Gerichte wie Brocciutarte, Kräuterlamm etc.
Am Dianabrunnen – **Café Marietti:** Vivario, Tel. 04 95 47 20 11. Gut für das Frühstück oder einen Aperitif auf dem Dorfplatz.

Infos und Termine

Inselbahn: 4 x tgl. ab Venaco und Vivario. Für einen reizvollen Ausflug per Bahn nach Vizzavona s. S. 85.
A Fiera di u casgiu: Käsemarkt am ersten Maiwochenende in Venaco, www.fromages-corse.org. Aus ganz Korsika kommen die Käseproduzenten zu diesem regionalen Concours, bei dem Auszeichnungen vergeben werden.

11 | Die korsische Eisenbahn – Exkursion nach Vizzavona

Karte: ▶ E 6/7 | **Eisenbahnausflug:** Ab Bastia (2 ¾ Std.), Corte (1 Std.) oder Venaco (35 Min.), mind. 1 Übernachtung

Mit der Schmalspurbahn in die korsische Bergwelt einzutauchen, ist ein Landschaftserlebnis erster Güte und eine Zeitreise zugleich. Fahren Sie nach Vizzavona wie die Touristen vor hundert Jahren. Der Zauber des Hochwalds, Wildromantik am Wasserfall, ein Hauch Belle Époque sind garantiert.

Die korsische Eisenbahn, 1880 bis 1890 erbaut, zählt zu den großen Pionierleistungen des Zweiten Kaiserreichs. Die Euphorie der industriellen Revolution war auch nach Korsika hinübergeschwappt, wo nach 1870 die ersten Pläne für eine Schmalspurbahn entstanden. Neben der Transversale Bastia–Ajaccio sahen sie zwei Nebenlinien in die Balagne und in den Südosten vor. Das Projekt beflügelte Kolonialpolitiker und Marktwirtschaftler zu den kühnsten Hoffnungen. Die einen träumten von einer Schiff-Zug-Verbindung von Marseille nach Algerien, die den Dampfertransit um 15 Std. verkürzen, einen schnellen Waren- und Truppentransport sicherstellen und nebenbei auch noch die italienischen Amerika-Emigranten nach Französisch-Westafrika umleiten sollte. Die anderen versprachen sich von der Erschließung des Inselinneren den profitablen Abbau der natürlichen Reichtümer, den Zufluss von Kapital und Arbeitskräften, gar die Industrialisierung Korsikas. Die hochfliegenden Pläne sind nicht ganz in Erfüllung gegangen, die Ostlinie wurde nicht weiterverfolgt. Interessant ist die Eisenbahn heute vor allem für Touristen und speziell Wanderer, die sich von Bastia, Ajaccio oder auch Calvi bequem zum GR 20 bringen lassen wollen.

Die Eiffel-Brücke
Wie auch immer Sie die Route wählen, die Gebirgsstrecke zwischen Venaco

Das Dach der Insel

> **Übrigens:** Wählen Sie für den Ausflug den für Sie passenden Bahnhof auf der Strecke Bastia–Vizzavona. Wochentags hält nur ein Zug am frühen Mittag in Vizzavona, sonn- und feiertags auch ein Abendzug. Die Rückfahrt ist frühestens am nächsten Vormittag möglich. Bei der Hinfahrt haben Sie auf den Sitzplätzen rechts die bessere Aussicht, bei der Rückfahrt ist es umgekehrt.

und Vizzavona sollten Sie nicht versäumen. Die neuen Waggons des Autorail AMG 800 ruckeln nicht mehr wie der ›Trinicellu‹ (wörtl. »der Zitternde«), den die Korsen zuletzt scherzhaft TGV (›Train à Grandes Vibrations‹) nannten. Aber wenn die Haarnadelkurven sich häufen, kommt der Zug immer noch ins Ächzen. Die zunehmende Höhe macht sich zunächst bemerkbar durch die angenehme Kühle der Bergluft und ein erhebendes Panorama, das zwischen **Venaco** 1 und **Vivario** 3 großartige Züge annimmt. Die zentralen Zweitausender im Rücken (Monte Cardu, Monte d'Oro), blicken die beiden Dörfer in exponierter Lage nach Osten auf die vorgelagerten Ketten des Boziu und Fiumorbu. Weit unten tost der Vecchiu-Fluss, der vor Venaco eine Schleife dreht, um mit dem Tavignano meerwärts zu fließen. Dort, wo die Passstraße das Flussufer wechselt, steht der **Pont du Vecchiu** 2. Man sieht vom Zug aus die kleine Straßenbrücke, Anfang des 19. Jh. aus Stein gehauen. Das nur etwas jüngere, aber sehr viel modernere Eisenbahnviadukt (1892–93) nach Plänen Gustave Eiffels überspannt 94 m höher auf einer Länge von 140 m das Tal als spektakuläre Eisenkonstruktion. Mit ihr wurde die Lücke zwischen den beiden Tranchen Ajaccio–Vizzavona und Bastia–Corte geschlossen.

Der längste Tunnel

Vier Jahre vor dem Viadukt war der heiklere Tunnelbau oben in Vizzavona fertiggestellt. Mit 3919 m war er der mit Abstand längste der gesamten Bahnstrecke. Er hatte die Funktion, den Kulminationspunkt der Gebirgsstrecke (906 m) weit unter die Passhöhe (1161 m) zu drücken. Wenn man am Bahnhof **Vizzavona** 4 aussteigt, sieht man die Tunnelöffnung, in der der Zug auf der Weiterfahrt nach Süden verschwindet. Die Bauarbeiten waren damals kompliziert und langwierig, denn beim Durchbohren des Hauptkamms drang Quellwasser in den Tunnel, mehrere Staumauern brachen und der abschüssige Schacht (2 cm/m Neigung) füllte sich mit 6000 m³ Wasser, die erst abflossen, als von der anderen Seite her die Bohrarbeiten ohne Dynamit vollendet wurden. Bis die Gewölbe verschalt, der Boden beschottert, die Gleise verlegt waren, vergingen noch einmal Jahre. 1889 trafen dann die ersten Züge aus Ajaccio in Vizzavona ein.

Sommerfrische

Vizzavona ist der wichtigste Verkehrsübergang auf dem Hauptgrat, der – von Nordwest nach Südost verlaufend – die zentrale Wasserscheide der Insel bildet. Schon die Genueser erkannten die strategische Bedeutung des Passes (kors. La Foce) und errichteten hier eine Festung (heute weitgehend verfallen). Zu einer Ortschaft wurde Vizzavona erst mit dem Bau der Eisenbahn, die das Bürgertum von Ajaccio bequem in die Sommerfrische und das einst mondäne Grand Hotel hinaufbrachte.

Zu den Wasserfällen

Folgen Sie am Naturfreundehaus (Casa di a natura) der Beschilderung »GR 20 Nord« zum weiß-rot markierten Fernwanderweg, auf dem Sie in 45 Min. zu

11 | Exkursion nach Vizzavona

den **Cascades des Anglais** 5 kommen. Das beliebte Ausflugsziel ist im Sommer gerne belagert, aber auch weiter oben finden sich noch prächtige Gumpen mit kleineren Wasserfällen – herrliche Flecken, um den Tag zu verbringen. Stärkenden Kaffee bekommen Sie in **La Foce** 6. Sie brauchen nur ein Stück am rechten Ufer zurückzugehen und schon stoßen Sie auf den Forstweg, der kurz vor dem Weiler auf die Passstraße mündet. Hier steht das **Hotel Monte d´Oro**, das einst die Ingenieure der Eisenbahngesellschaft beherbergte und später in ein Belle-Époque-Etablissement umgewandelt wurde.

Infos
Aktueller **Fahrplan** erhältlich an den Bahnhöfen, in den Offices de Tourisme, im Internet unter www.ter-sncf.com und www. train-corse.com
Wanderkarten im kleinen Laden im Bahnhof von Vizzavona

Ein Bett für die Nacht
Fernwanderern bietet das **Hôtel I Laricci** 1 (Tel. 04 95 47 21 12, www.ilaricci.com, DZ 90–95 €) am Bahnhof in Vizzavona, einfache, aber geräumige Zimmer und preiswerte Menüs aus der Familienküche.
Das **Hôtel-Restaurant Monte d´Oro** 2 (Tel. 04 95 47 21 06, www.monte-oro.com, DZ 50–80 €) in Foce umweht das Flair verblasster Größe: große, recht betagte Zimmer, aber eine schattige Terrasse und weinüberwucherte Mauern. Angeschlossen ist eine Wanderherberge mit günstigeren Mehrbettzimmern. Im Speisesaal des Hotels speist man stilvoll (15–25 €). Auf Wunsch Abholung vom Bahnhof.

Sportliche Herausforderungen
Wanderer können auf dem GR 20 Nord weiter zum **Monte d´Oro** 1 (hin und zurück 9 Std.) laufen. In der anderen Richtung, auf dem GR 20 Sud, ist der Gipfel des **Monte Renoso** 2 (hin und zurück 10 Std.) ein nicht weniger ambitioniertes Ziel. Beide Touren, anfangs weiß-rot, später mit Steinmännchen markiert, verlangen Bergausrüstung (Stiefel, warme Kleidung, Proviant und Wasser) und sollten nur bei gutem Wetter angetreten werden.
Wer lieber in den Bäumen klettert, findet im **Parc Vizzavona Aventure** 3 (Tel. 04 95 37 28 41, www.corsicanatura.fr) ein zur Tarzanstrecke ausgebautes Waldstück. Auch Canyoning und Mountainbiking stehen hier auf dem Programm.

Der Süden

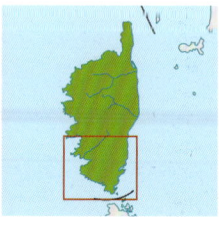

Ajaccio ▶ C 8, Cityplan S. 92

Ajaccio (59 000 Einw.) hat in der Rivalität mit Bastia die Nase knapp vorn, weil es nicht nur eine Wirtschaftsmetropole mit bedeutendem Hafen, sondern als Sitz des gesamtkorsischen Regionalparlaments, der Präfektur und anderer Behörden auch das Verwaltungszentrum der Insel ist. Die Beamtenstadt wirkt mit ihren orangenfarbenen Fassaden und Palmen freundlich und südländisch. Es gibt mindestens zwei Ajaccios. Da ist die Zitadelle und der Hafen, der historische Kern, an den sich das italienisch anmutende Patrizierviertel rund um die Kathedrale und das Borgu entlang der Rue Fesch anschließen. Und da ist die Neustadt, die mit ihren Boulevards etwas Pariserisches hat und mit prachtvollen Residenzen und Hotels im 19. Jh. v. a. betuchte Engländer angezogen hat.

Überall präsent in der Stadt ist **Napoleon**, ob als Name, Gedenkstätte oder Statue (direkt 12 ▶ S. 89, Cityplan 1 – 6). Von Napoleon persönlich stammte der Plan, von Norden (Cours Napoléon) und Westen (Cours Grandval) zwei Boulevardachsen auf ein repräsentatives Stadtzentrum (Place Général de Gaulle) zulaufen zu lassen. Diese Fläche, unter der sich eine Parkgarage verbirgt, ist eine große Esplanade, auf der sich heute die Jugend vergnügt. Das Herz der Stadt bildet etwas unterhalb die palmbestandene, bis weit in die Nacht lebendige Place Maréchal Foch, mit dem Hôtel de Ville, dem Rathaus, hinter dem sich die Fischmarkthalle und der Wochenmarkt befinden. Zwischen den Märkten, der Fußgängerzone der Rue Fesch und dem Cours Napoléon reihen sich die Bars, Restaurants, Geschäfte – hier ist gut flanieren.

Zitadelle 7
Bd. Danielle-Casanova, Führung durch das Tourismusbüro, 6–8 €
1492 erbaute Genueserfestung, 2,3 ha großes Sechseck mit schönem Stein-Ziegel-Mauerwerk und gigantischen Kellergewölben. Die Mole dahinter (Jetée de la Citadelle) verlängert die Landspitze und bietet ein großartiges Stadt-Golf-Panorama.

Cathédrale Notre-Dame-de-la-Miséricorde 8
Rue St-Charles, tgl. 8–12, Mo–Sa 13.30–18 Uhr
Die kreuzförmig angelegte Kathedrale mit großer Kuppel ist die Taufkirche Napoleons. 1597 vollendet und der Jungfrau Maria geweiht, enthält sie in der ersten Kapelle links ein Jugendwerk von Delacroix (»Vierge du Sacré-Coeur«).

Musée Fesch 9
50–52, rue du Cardinal Fesch, www.musee-fesch.com, Mai–Ende Sept. Mo, Mi, Sa 10.30–18, Do, Fr, So 12–18 Uhr, sonst kürzer, 8 € (erm. 5 €)
In Frankreich kann nur der Louvre die hier gezeigte Auswahl italienischer Meister aus dem 14. bis ▷ S. 93

12 | Der Allgegenwärtige – Napoleonkult in Ajaccio

Karte: ▶ A 3/4 | **Cityplan:** S. 92

Der Flughafen, das Grand Café, der Boulevard – alle heißen sie Napoleon, und die Gestalt des Kaisers ist in der Stadt überall präsent, sei es als imposantes Standbild auf den Plätzen oder als niedliche Büste im Souvenirshop. Hier ein Rundgang für echte, halb echte und amüsierte Verehrer des kleinen Korsen, der ein großer Franzose war.

Mit der Verehrung hat es von korsischer Seite immer gehapert. Denn die Bonapartes waren streng vaterländisch betrachtet Verräter. Napoleons Vater Carlo, einst Wegbegleiter Paolis, hatte nach der Niederlage am Ponte Novu 1769 die Seite gewechselt und war fortan mit dem französischen Militärchef befreundet. Der Wendehals wurde noch unter dem Ancien Régime geadelt und genoss Privilegien, von denen auch die Söhne profitierten, die nach Frankreich auf die Militärschule kamen. Napoleon, nach Carlos Tod das Familienoberhaupt der Bonapartes, machte seine Offizierskarriere, ein Parvenu, der sich revolutionär gab, als in Paris die Revolution ausgebrochen war. Auch er ein Wendehals, das stand fest für Paoli, der aber nicht verhindern konnte, dass der Mann zum Führer der korsischen Nationalgarde gewählt wurde, vermutlich durch Manipulation. Als dann auch noch Napoleons jüngerer Bruder den Helden des korsischen Unabhängigkeitskampfes beim Pariser Konvent als Konterrevolutionär anschwärzte, platzte den Anhängern Paolis der Kragen. Sie plünderten und brandschatzten das Wohnhaus der Bonapartes, die von der Insel fliehen mussten. Das war 1793. Als Napoleons Mutter Letizia 1798 nach Ajaccio zurückkehrte, war ihr Sohn in Paris erster Konsul und sorgte für eine üppige Entschädigung, die den Hinzukauf angrenzender Räume und die Neumöb-

Der Süden

lierung des Hauses möglich machte. Staatsgelder flossen aber nicht nur ins Elternhaus, sondern kamen in großem Maßstab Ajaccio zugute, das der Kaiser 1811 zur Hauptstadt der Insel erwählte und städtebaulich entsprechend aufwertete. Später hat Napoleon III. diese Linie fortgesetzt und auch den Napoleonkult gefördert. Und die Ajacciner haben sich mit dem Stolz, den man von ihnen erwartetet, an das Unvermeidliche gewöhnt.

Maison Bonaparte [1]

Das dreistöckige Bürgerhaus mit Familienwappen über dem Eingang enthält zahlreiche Erinnerungsstücke, ohne freilich an die Kindheit des großen Korsen zu erinnern, der am 15. August 1769 hier geboren wurde und bis zu seinem 9. Lebensjahr mit Eltern und Geschwistern wenige Räume im zweiten Stock teilte. Der Wallfahrtsort, der heute jedes Jahr mehr als 60 000 Besucher anzieht, spiegelt auch nicht den Zustand wider, wie er nach dem Wiederbezug und der Neumöblierung durch die Mutter bestand und von Napoleon lediglich ein einziges Mal 1799 in Augenschein genommen wurde. Er ist in dieser Form viel später von Napoleon III. als Museum und *monument historique* für das interessierte Publikum hergerichtet worden. Trotzdem hat das Haus seine Aura und die kuriosen Gegenstände sind in vielfacher Weise eindrucksvoll: darunter etwa das historische Mobiliar, eine große Korsikakarte aus dem 18. Jh, die Mitglieder der Familie Bonaparte auf diversen Ölgemälden, die Totenmaske des Kaisers, ein aus Haaren gefertigter Stammbaum und vieles mehr. Audioguides sind in mehreren Sprachen erhältlich.

Salon Napoléonien [2]

In der ersten Etage des Rathauses an der Place Foch wurde eine pompöse Gedenkstätte eingerichtet mit Büsten und Porträts der Familie Bonaparte, an-

Einblicke in das ›bonapartistische Wohnen‹ gewährt die Maison Bonaparte

12 | Napoleonkult in Ajaccio

gefertigt von Künstlern aus dem Ersten und Zweiten Kaiserreich. Zu sehen sind auch der Taufschein und eine weitere Totenmaske Napoleons, außerdem eine Sammlung von Münzen und Medaillen sowie weitere Kunstgegenstände, die an seine Epoche erinnern.

Chapelle Impériale 3

Im rechten Flügel des Palais Fesch befindet sich die kaiserliche Kapelle, in der die Eltern des Kaisers, Kardinal Fesch und andere Familienmitglieder begraben liegen. Sie wurde 1857–59 im Auftrag von Napoleon III. erbaut und geht auf den letzten Willen des 1838 verstorbenen Kardinals zurück, der Bonapartes Stiefonkel war und – Nepotismus sei Dank – unter ihm vom einfachen Priester zum mächtigen Würdenträger aufstieg. Die Glasfenster spielen mit dem großen ›F‹ als Ornament und verbinden die kirchlichen Attribute des Kardinals mit den kaiserlichen Insignien des Adlers und des Kreuzes der Ehrenlegion.

Statuen

Napoleon ist im Stadtbild allgegenwärtig durch eine Reihe von Standbildern, die sich wechselseitig zu überbieten scheinen. Unten an der Place Foch erhebt sich seit 1850 Napoleon in weißem Marmor, als erster Konsul römisch gekleidet und von vier wasserspeienden Löwen eingerahmt. Im Sommer wird der **Löwenbrunnen** 4 jeden Donnerstag um 19 Uhr zur ehrwürdigen Kulisse eines erhebenden Schauspiels, wenn unter Trommelschlägen die kaiserliche Garde zur Wachablösung antritt.

Westlich, an der Place Général de Gaulle, wo im Achsenkreuz der Prachtstraßen die kaiserliche Krone hängt, sieht man den Imperator in glorreicher Pose hoch zu Ross, eingerahmt von seinen vier Brüdern, ein etwas respektlos **Tintenfass** 5 (encrier) genanntes Monument.

Den Abschluss der Statuenreihe bildet das 1938 errichtete **Mémorial Napoléon** 6, das am Ende des Cours Grandval auf der Place d'Austerlitz aufragt und den Allgegenwärtigen als Gefreiten mit dem Zweizack zeigt. Die Bronzestatue ist eine Kopie des Standbilds, das im Ehrenhof des Pariser Invalidendoms steht, und erhebt sich monumental auf einer pyramidenförmigen Treppe. Beim Hochsteigen kann man die siegreichen Schlachten des Imperators Revue passieren lassen. Unten im Park gibt es eine Grotte, in der das Kind gespielt, aber auch gelesen und nachgedacht haben soll.

> **Übrigens:** Am 15. August hat Napoleon Geburtstag und die Festivitäten (Journées napoléoniennes) dauern mehrere Tage. Geboten sind Defilees in historischen Kostümen, nachgestellte Szenen, Ausstellungen, Musikdarbietungen usw.

Infos
Maison Bonaparte: rue Saint-Charles, Tel. 04 95 21 43 89, www.musee-maisonbonaparte.fr, April–Sept. 9–12, 14–18 Uhr, sonst Di–So 10–12, 14–16.45 Uhr, 6 €, unter 18 J. frei

Salon Napoléonien: im Rathaus, pl. Foch, 15. Juni–15. Sept. Mo–Fr 9–11.45, 14–17.45, sonst bis 16.45 Uhr, 2,30 €

Chapelle Impériale: 50, rue Fesch. Zurzeit noch wegen Restaurierungsarbeiten geschlossen

Ajaccio

Sehenswert
1. Maison Bonaparte
2. Salon Napoléonien
3. Chapelle Impériale
4. Löwenbrunnen
5. Tintenfass
6. Mémorial Napoléon
7. Zitadelle
8. Cathédrale Notre-Dame-de-la-Miséricorde
9. Musée Fesch
10. Musée A Bandera
11. Assemblée Territoriale de Corse

Übernachten
1. Hôtel Marengo
2. Hôtel Kalliste
3. Hôtel Spunta di Mare
4. Stella di Mare
5. Camping U Prunelli

Essen und Trinken
1. Da Mamma
2. Grand Café Napoléon
3. Le Neptune

Einkaufen
1. Wochenmarkt
2. Flohmarkt
3. Boulangerie Galéani
4. U Stazzu
5. La Marge
6. Musica

Ausgehen
1. Casino
2. 5ème Avenue
3. Le Pavillon Bleu
4. Le Pigale

---

18. Jh. überbieten. Ausgestellt sind u. a. Werke von Bellini, Tizian, Veronese und Botticelli, alle aus dem Besitz des Kardinals. Sehenswert ist auch die alte Bibliothek (Eintritt frei), deren Grundstock sich aus kirchlichen Beständen zusammensetzt, die während der Französischen Revolution konfisziert wurden.

Musée A Bandera 10
1, rue Général Lévie, www.musee-abandera.fr, Juli–Mitte Sept. 9–19, So 9–12, sonst Mo–Sa 10–17 Uhr, 4 €
Historisches Museum mit Schwerpunkt korsischer Widerstand, das die genuesische und französische und auch die italienisch-deutsche Besatzung (1942–43) umfassend dokumentiert.

Assemblée Territoriale de Corse 11
Das Regionalparlament hat seinen Sitz im ehemaligen Grand-Hotel Continental, das wie andere Prachtbauten des sog. Quartier des Etrangers im Zweiten Kaiserreich entstanden ist.

Übernachten
Überm Stadtgärtchen – **Hôtel Marengo** 1: 2, rue Marengo, Tel. 04 95 21 43 66, www.hotel-marengo.com, April–Nov., DZ 72–95 €. Kleines dreistöckiges Haus in einer ruhigen Sackgasse keine 100 m vom Strand. Balkonzimmer reservieren mit Blick auf kleinen Garten.

Am Boulevard – **Hôtel Kalliste** 2: 51, cours Napoléon, Tel. 04 95 51 34 45, www.hotel-kalliste-ajaccio.com, DZ 78–93 €. Hinter der 150-jährigen Fassade verbergen sich modern eingerichtete Zimmer und ein superber Frühstückssaal.

Für Fluggäste – **Hôtel Spunta di Mare** 3: Quartier Saint-Joseph (zwischen Stadt und Flughafen), Tel. 04 95 23 74 40, www.hotel-aspuntadimare-corse.com, DZ 75–95 €. Die 80 Zimmer mit Blick auf den Golf sind schlicht, aber durchaus passabel für die An- oder Abreise. Mit günstigem Restaurant.

Für Badegäste – **Stella di mare** 4: Rte. des Sanguinaires, 7 km außerhalb, Tel. 04 95 52 01 07, www.hotel-stelladimare.com, April–Okt. DZ 50–190 €. Pavillonkonstruktion mit Pool und Panoramarestaurant, direkt am Strand gelegen. Kinderbetreuung, Tauchclub, Animation.

Im Freien – **Camping U Prunelli** 5: An der D 55, 3,5 km nördlich von Porticcio, Tel. 04 95 25 19 23, www.

Der Süden

camping-prunelli.com, April–Okt., 2 P. mit Zelt und Pkw 21–31 €. Schöner, schattiger Platz am Prunelli-Fluss, Pool, auch Bungalows (ab 295 € p. Woche). Reservieren!

Essen und Trinken

Direkt am Hafen reihen sich stimmungsvoll die kleinen Terrassenlokale, nicht immer ganz billig, voller Touristen, aber in der Regel ordentlich und v. a. sehr vielfältig.
Außerdem empfehlenswert:
Versteckt und familiär – **Da Mamma** 1: Pass. Guinquetta, zw. rue du Cardinal Fesch und cours Napoléon, Tel. 04 95 21 39 44, Mo–Sa (im Sommer Mo nur abends). Kleines Restaurant mit hübscher schattiger Terrasse, guter Fischküche und entsprechend delikater Bouillabaisse, korsisches Menü 24 €.
Pariser Flair – **Grand Café Napoléon** 2: 10, cours Napoléon, www.grandcafenapoleon.com, Tel. 04 95 21 42 54, Mo–Sa (Sa nur mittags). Im Pariser Stil, betriebsam und elegant, mit attraktiver Terrasse und stattlichem Empire-Saal, feine Küche vom kleinen Imbiss bis zum Mehr-Gänge-Menu, günstig v. a. das Mittagsmenü (16 €).
Meeresfrüchte – **Le Neptune** 3: Santa Lina, rte. des Sanguinaires, Tel. 04 95 52 00 11, April–Okt. mittags, Juni–Aug. auch abends (reservieren!). Garten mit Strandanteil, ausgelassene Stimmung vor grandioser Kulisse, hier trifft man sich zu Hummerspaghetti oder frischem Seeigel (im Winter), Menüs 15–27 €, Wein glasweise.

Einkaufen

Frischware – **Wochenmarkt** 1: Sq. César Campinchi, Di–So vormittags. Käse, Schinken, Honig, Kräuter, Obst und Gemüse, Sa und So auch Kleidung.
Kleine Schätze – **Flohmarkt** 2: bd. Pascal Rossini, So 8–12 Uhr.

Traditionsbäckerei – **Boulangerie Galéani** 3: 3, rue du Cardinal Fesch, Mo–Sa 6–20 Uhr, So 6–13 Uhr. Diverse Brotsorten, korsische Kuchen und hervorragende *canistrelli*.
Feinkost – **U Stazzu** 4: 1, rue Bonaparte. Schinken aus Bocognano, Bauernkäse, hausgemachte Marmeladen.
Lesestoff – **La Marge** 5: 14, rue Emmanuel Arène. Buchhandlung mit großer Auswahl an Korsika-Literatur.
Korsische Klänge – **Musica** 6: 26, cours Napoléon. CDs mit korsischer Musik.

Ausgehen

Glücksspiele – **Casino** 1: Bd. Pascal-Rossini, Tel. 04 95 50 40 60, www.casino-ajaccio.com, tgl. 13–4 Uhr. Direkt am Wasser unterhalb der Place Général de Gaulle. Neben Restaurant und Pianobar für alle Geldbeutel Roulette und einarmige Banditen.
Tanzvergnügen – **5ème Avenue** 2: Rte. des Sanguinaires, esp. Santa Lina, Tel. 04 95 52 09 77. Diskothek mit Tanz bis in den frühen Morgen.
Musikgrößen – **Le Pavillon Bleu** 3: 26, cours du Général Leclerc, Tel. 04 95 51 12 90, tgl. 6.30–2 Uhr. Regelmäßig Liveauftritte bekannter korsischer Sänger und Musiker.
Unter Platanen – **Le Pigale** 4: 6, av. de Paris, Tel. 04 95 21 20 46, Mo–Sa 8–23 Uhr. Bei einem Drink auf der Terrasse können Sie das abendliche Treiben an sich vorüberziehen lassen.

Sport und Aktivitäten

Strände – Nach Westen an der Route des Sanguinaires **Plage de Vignola** und **Plage de l'Ariadne**. Im Innern der Bucht um **Porticcio** sowie **Plage d'Agosta** und **Plage de Ruppione** ein Stück weiter südlich. Nach Porticcio verkehren mehrmals tgl. Boote vom Hafen in Ajaccio.

Propriano ▶ D 10

12 km westlich von Ajaccios Zentrum läuft die Landzunge direkt auf die **Iles Sanguinaires** zu, eine der romantischsten Ansichten Korsikas. In der Abendsonne erscheinen die Inseln beinahe blutrot, wie es ihr Name verspricht. Die Wege um die Landspitze **Pointe de la Parata** und hinauf zum Turm sind als informative Naturlehrpfade angelegt.

Infos und Termine
Office de Tourisme: 3, bd. du Roi Jérôme, Tel. 04 95 51 53 03, www.ajaccio-tourisme.com, Mo–Sa 8–19 (Juli–Aug. 20 Uhr), So 9–13 Uhr, im Winter Mo–Fr 8–12.30, 14–18, Sa bis 17 Uhr. Stadtpläne, Führungen, freier Internetzugang.

Infobüro des Parc naturel régional de la Corse: 2, rue de Sergent-Casalonga, Tel. 04 95 51 79 00, www.parc-naturel-corse.com, Mo–Fr 8.15–12, 14–17.30 Uhr. Infos über Wanderwege, Verkauf von Wanderkarten und -broschüren.

Flughafen: Infos unter www.2a.cci.fr.

Busse: Der Busbahnhof *(gare routière)* befindet sich am Quai l'Herminier direkt am Hafen, die Schalter der Busunternehmen sind in der Gare Maritime. Die Buslinien 8 (zum Flughafen Campo dell'Oro) und 5 (nach Westen zur Route des Sanguinaires) durchqueren die ganze Stadt.

Züge: 4 x tgl. Richtung Bastia.

Fest des hl. Erasmus: Ende Mai/Anfang Juni, Fest der Fischer mit großer Regatta.

Jazzfestival: Letzte Juniwoche, www.jazzinaiacciu.com, Konzerte in der Zitadelle.

Polyphonies d'Eté: Im Sommer jeden Mi ab 19 Uhr korsische Gesänge in der Kirche St-Erasme.

Dank der breiten Strände, die sich aus dem Schwemmsand der in den Golf mündenden Flüsse Taravo, Baracci und Rizzanese gebildet haben, ist Propriano (3200 Einw.) von einem kleinen Fischerdorf zu einem attraktiven Badezentrum mit Jachthafen und Promenade aufgestiegen. Der trichterförmige Golf, reizvoll von Bergen umrahmt, lockt jedes Jahr mehr Reisende an. So herrscht in Propriano insbesondere im Sommer fröhlicher Trubel und an den Enden der Bucht haben sich Campomoro und Porto-Pollo zu charmanten Badeorten gemausert.

Strände
In Propriano ist es schön an der **Plage du Mancinu** und **Sampiero Corso** oder hinter dem Leuchtturm an der **Plage du Lido** und **du Corsaire**. Traumhaft liegen die Strände von **Portigliolo** (D 121) und **Capu Lauroscu** südlich und nördlich der Rizzanese-Mündung. An der Südspitze der Bucht schmiegt sich der Strand von **Campomoro** feinsandig in den Bogen vor dem Turm. An der Nordseite der Bucht wiederum liegen die **Plage de Campitellu**, **Plage de Tenutella** sowie der herrliche Strand westlich der Taravu-Mündung, ideal für Surfer.

Übernachten
Mittendrin – **Le Bellevue:** 9, av. Napoléon, Tel. 04 95 76 01 86, www.hotel-bellevue-propriano.com, Mai–Okt., DZ 54–99 €. Wenn Sie nicht lärmempfindlich sind: Nehmen Sie ein Zimmer mit Blick über Hafen und Bucht.

Landhotel – **Les Eucalyptus:** Porto-Pollo, Tel. 04 95 74 01 52, www.hoteleucalyptus.com, April–Okt., DZ 60–120 €. Logis-de-France-Unterkunft in einem hübsch angelegten Garten, Zim-

Der Süden

mer und Frühstücksraum mit sagenhaftem Blick über die Bucht auf die Berge, angenehmer Service.
Auf der Pferdefarm – **Ferme Equestre de Baracci:** Im Baracci-Tal an der D 557, Tel./Fax 04 95 76 19 48, April–Sept. Ruhiges und günstiges Wohnen auf einer Pferdefarm (Reiten möglich) in einfachen Zimmern nur z. T. mit Bad.

Essen und Trinken

Frisch und appetitlich – **L'Hippocampe:** 20, rue Jean-Paul Pandolfi, Tel. 04 95 76 11 01, April–Mai So geschl., günstiges Mittagsmenü (12 €). Das Interieur ist schlicht, die Küche spezialisiert auf Meeresfrüchte, gekonnt zubereitet und ansprechend serviert.
Schlicht und ergreifend – **Le Cabanon:** 26, av. Napoléon, Tel. 04 95 76 07 76, Menüs 15–30 €. Bewährtes Fischlokal mit Terrasse über dem Hafen.
Kreativ und delikat – **Terra Cotta:** 29, av. Napoléon, Tel. 04 95 74 23 80, Juni–Okt., Menü 34 €. Auf eleganten Kanapees können Sie sich hier den Gaumen verwöhnen lassen.

Ausgehen

Discos unter freiem Himmel – **Le Corsaire** im Ort, **La Calèche** an der Route de Sartène und **Le Paradis** an der Route de Porto-Pollo.

Sport und Aktivitäten

Wassersport – In Propriano und am Strand von Portigliolo kann man **Boote** mieten, vom Kanu bis zum Katamaran. Zwei **Tauchklubs** bieten Kurse und Ausflüge zu den schönsten Tauchgründen, Auskunft im Touristenbüro.
Bootsausflüge – Am Jachthafen starten die Boote von **U Paesi di u Valinco**, Tel. 04 95 76 16 78, www.corsica.net/promenade, zu Tagesausflügen zur Halbinsel La Scandola und zu Nachtfahrten durch die Bucht.

Thermalquellen – 1 km hinter der Bucht an der D 257. In der kleinen, ältlichen Anlage von **Baracci** wird das schwefelhaltige Wasser für die Badenden auf 40 °C gekühlt.
Radfahren – Am Lauf des Taravo bis hinauf nach Zicavo auf der wenig befahrenen **D 757**, im Baracci-Tal auf der **D 557** und auf der **D 19** über Fozzano schöne Strecken mit viel Steigung.

Infos und Termine

Office de Tourisme: Am Jachthafen (Port de Plaisance), Tel. 04 95 76 01 49, www.oti-sartenaisvalinco.com.
FestiAqua: Mitte Sept. Volksfest mit Jahrmarkttrubel und großem Wassersportspektakel von Jetski bis zur Segelregatta.

In der Umgebung

Mit seinen hohen, am Steilhang errichteten Granithäusern ist das oft nebelverhangene korsische Bergdorf **Olmeto** (▶ D 9), das Gegenbild zum typisch mediterranen Badeort. Von Propriano kommend fahren Sie die N 196 steil bergauf nach Norden mit fantastischem Blick zurück über den Golf von Valinco und das Baracci-Tal.

Nicht weit von Propriano können Sie eine Reise in die prähistorische Vergangenheit unternehmen und die imposanten Steinmonumente bei **Filitosa** und auf dem **Plateau von Cauria** entdecken (`direkt 13` S. 97).

Sartène ▶ D 10

»Die korsischste der korsischen Städte«, so hat der französische Schriftsteller Prosper Mérimée Sartène (3400 Einwohner) genannt und dabei an die Blutrache gedacht, die noch im 19. Jh. zwischen lokalen Adelsfamilien zu endlosen Fehden führte.   ▷ S. 100

13 | Ausflug in die Vorzeit – Filitosa und Cauria

Karte: ▶ C/D 9/10 | **Pkw-Ausflug:** Ab/bis Propriano ca. 100 km, Tagestour

Die Steinmale aus grauer Vorzeit, sie stehen in Südengland, in der Bretagne, in Tibet, in Indien – und im Mittelmeerraum vor allem auf Korsika, und zwar im Süden der Insel. Ein Tagesausflug genügt, um die schönsten dieser meist zu Reihen angeordneten Menhire aufzusuchen.

Die riesigen Steinmale (griech. *mega* = groß, *lithos* = Stein), die zum Kennzeichen der Megalithkultur geworden sind, wurden obeliskartig als Menhire (breton. *men* = Stein, *hir* = lang) oder tischförmig als Dolmen (breton. *tol* = Tisch, *men* = Stein) aufgestellt. Der Vergleich der Fundstätten lässt eine Entwicklung vermuten, die durch Datierungen mithilfe der Radiokarbonmethode weitgehend bestätigt wird. In einer ersten Phase (Ende 4. Jt.–Mitte 3 Jt. v. Chr.) werden die Toten in Steinkistengräbern beigesetzt, die – aus behauenen Steinplatten zusammengesetzt – von einem Erdhügel bedeckt sind. Auf diesem stehen ein oder zwei Steinsäulen, die das Grab zu bewachen scheinen und als ›Ersatzleib‹ des Verstorbenen angesehen werden können. Diese ursprünglich 1–2 m hohen Menhire wachsen in der zweiten Phase (3. Jt.– Mitte 2. Jt. v. Chr.) auf doppelte Größe und stehen weiter entfernt von den Gräbern, nun nicht mehr unterirdische Steinkisten, sondern oberirdische Dolmen. In der dritten Phase (1400–1300 v. Chr.) werden die Statuen weiter verfeinert, sodass jetzt auch Schwerter und Dolche, Brustpanzer und Helmansätze erkennbar sind.

Das Rätsel von Filitosa

Die 1946 von Jean Cesari beim Auslichten des Terrains entdeckte Fundstätte liegt nördlich von Propriano im Taravo-Tal und ist noch heute im Besitz der Familie Cesari, die auch die Anlage be-

Der Süden

treibt. Im Eingangsbereich informiert ein kleines **Museum** 1 über die aufeinanderfolgenden Zivilisationen. Der Weg führt durch ein Wäldchen zu **Filitosa V**, einer 2 t schweren Menhirstatue mit Langschwert, Dolch und angedeuteter Kleidung. Man kommt dann jenseits eines Flüsschens zu einer zyklopischen Ringmauer, die eine **Festung** 2 umschließt. Sie besteht aus einem Ostmonument, einem Westmonument und dem Zentralmonument, auf dem sich prächtige Menhirstatuen befinden, darunter **Filitosa IX** mit ausdrucksvollem Gesicht.

Das ganze Ensemble mit seinen befestigten Unterständen, Rundbauten und Hüttenfundamenten war seit dem 6. Jt. besiedelt, zunächst von den ersten Hirten, dann (ab dem 4. Jt.) von den Megalithikern und schließlich (ab ca. 1600 v. Chr.) von einem prosaischeren Volk, das die vorgefundenen Menhire zum Bauen verwendete. Der Archäologe Roger Grosjean, 1954–75 in Filitosa mit den Ausgrabungen befasst, hat sie **Torreaner** genannt, weil turmförmige *(torre)* Festungsbauten für sie charakteristisch sind, und in ihnen ein fremdes Seevolk vermutet, das die einheimischen Volksgruppen in der Bronzezeit bedrängte. Die Megalithiker hätten diese Krieger in Stein gemeißelt und mit den Menhiren Trophäen geschaffen, die dann reihenweise – ein Menhir für jeden erschlagenen Feind – die Heldengräber schmückten. Im Gegenzug hätten die Torreaner ihre Konterfeis umgestürzt, zerbrochen und als Baumaterial verwendet.

Man kommt ins Grübeln und denkt an blutige Kämpfe, wenn man zum Bach hinuntergeht, wo am Ende des Weges fünf Menhire vor einem prächtigen, 1000-jährigen Olivenbaum Wache stehen. Ein friedlicher Ort, an dem man gerne länger verweilt.

Die Kultstätten auf dem Plateau von Cauria

Die Invasionsthese ist mittlerweile überholt und die Ablösung der Megalithkultur durch die torreanische Kultur bleibt ein Rätsel. Doch dieses und andere Rätsel, verbunden mit der Schönheit einer bukolischen Hügellandschaft, in der Granitfelsen zwischen wilden Oliven und Farnbüschen auftauchen, macht die Faszination der Fundstätten aus. Die nach Filitosa schönsten Kultplätze liegen auf dem Plateau von Cauria. Es ist nicht weit, man erreicht es weiter südlich auf der **Route des Mégalithes** (D 48), die kurz nach Sartene von der Nationalstraße (N 196) rechts abzweigt. Nach 9 km gabelt sich die D 48 und beide Routen führen zu einer prähistorischen Stätte.

Vom rechten Arm der D 48 zweigt hinter der Domaine Mosconi eine Piste ab und von ihr der Weg zu den 400 m entfernten **Alignements de Pallaggiu** 3. Die Einheimischen nennen den Ort auch ›Campu di u Morti‹ (Friedhof) oder ›Campu di i Turchi‹ (Türkenfeld), weil die reihenweise umgestürzten Menhire an gefallene Soldaten, niedergemetzelte Feinde erinnern. Es sind immer wieder dieselben blutrünstigen Vorstellungen, die mit den Steinmalen verbunden werden. Auf andere Gedanken könnte einen die Ausrichtung der Menhire bringen. Die 258 Monolithen gruppieren sich zu ›Alignements‹, die mit einer Ausnahme alle in Nord-Süd-Richtung verlaufen. Dass die Statuen nach Osten, der aufgehenden Sonne entgegenblicken, könnte die Hoffnung auf eine Wiedergeburt ausdrücken. Vorstellbar wäre auch, dass die Säulenreihen der Beobachtung der Himmelskörper dienten und als riesige Kalender Daten fürs Säen und Ernten lieferten.

Auf dem linken Arm, der D 48a fährt man noch gut 5 km, bis rechts der Fuß-

13 | Filitosa und Cauria

weg hinunterführt zum **Alignement I Stantari** 4. Es ist von einer Mauer eingehegt und umfasst etwa 20 Menhire, die nur z. T. aufrecht stehen und von denen zwei Andeutungen von Händen, Armen und Dolchschwert erkennen lassen. Ein Pfad überquert die Viehweide auf ein Steineichenwäldchen zu, das 300 m weiter das **Alignement de Renaggiu** 5 beschattet. Es besteht aus 43 kleineren, kaum 1 m großen, schmucklosen Menhiren. Ein berührend stiller, oft menschenleerer Platz, der an

> **Übrigens:** In der Archäologie bezeichnet das französischen Wort *alignement* eine megalithische Steinreihe oder Steinallee.

einen vergessenen Friedhof erinnert. Auf dem Rückweg zum Parkplatz lohnt sich der Abstecher zum **Dolmen de Fontanaccia** 6, mit seinen 3,40 m auf 2,90 m der größte und prächtigste der Insel.

Infos
Site préhistorique de Filitosa: www.filitosa.fr, April–Okt. tgl. 8.30 Uhr bis Sonnenuntergang, 6 €, mit Bar und Boutique
Plateau von Cauria: frei zugänglich, kein Eintritt

Das Museum zur Megalithkultur
Das neue **Musée de Préhistoire Corse** 7 (Sartène, rue Croce, s. S. 100) ist eine gute Ergänzung zum Gesehenen.

Handwerkermarkt
Um die Fundstätte von Filitosa haben sich allerlei Lädchen und Handwerker angesiedelt, sodass sich ein kleiner Bummel durch den Ort anbietet. Der Jahrmarkt der Handwerker und Landwirte (Foire artisanale et agricole) findet am ersten Augustwochenende vor der prähistorischen Anlage statt.

Erfrischung am Meer
Von der Fundstätte Pallaghiu sind es nur noch 5 km bis **Tizzano** 1, wo die D 48 am Meer endet. Im Fischerdorf gibt es zwei Lokale, wo Sie auf schönen Sonnenterrassen frischen Fisch und sogar Langusten verzehren können, in der Nähe schöne Bademöglichkeiten.

Der Süden

Mitte des 16. Jh. hatten die Genueser auf dem schwer zugänglichen Bergvorsprung die befestigte Stadt angelegt, hinter deren Mauern die Feudalherren des Umlands Schutz fanden vor Überfällen. Noch heute wirken die hohen, rot gedeckten Natursteinhäuser abweisend, und man erkennt auch die Trennung zwischen der befestigten Innenstadt Santa Anna und dem Borgo, in dem sich das einfache Volk ansiedeln durfte. Die einst vornehme **Altstadt** betritt man durch die Passage zwischen dem Rathaus und der Kirche **Santa Maria** an der palmengeschmückten Place Porta, auch **Place de la Libération** genannt, die mit ihren Straßencafés den munteren Mittelpunkt der Stadt bildet. Die Kirche wurde im 18. Jh. erbaut und reich ausgestattet. Links vom Haupteingang befinden sich die Accessoires der Catenacciu-Prozession, Kreuz und Kette. Hinter der Kirche breitet sich ein Labyrinth von Gassen, Treppen und Passagen aus. Unterhalb des Rathauses, nach der Passage de Bradi, steht die **Echaugette**, das letzte Türmchen (16. Jh.) der alten Festungsmauer.

Musée de la Préhistoire Corse

100 m oberhalb der Place de la Libération (Rathausplatz), Tel. 04 95 77 01 09, www.prehistoire-corse.org, April–Ende Sept. Mo–Sa 9–19 Uhr, Fei geschlossen, 4 €

Das neu eröffnete Museum zeigt auf zwei Etagen verteilt eine umfängliche Sammlung prähistorischer Fundstücke, ergänzt durch Exponate aus der Römerzeit und dem Mittelalter. Von der Terrasse genießt man einen schönen Blick auf die Stadt und das Umland.

Übernachten

Ländlich – **La Villa Piana:** 1 km Richtung Propriano, Tel. 04 95 77 07 04, www.lavillapiana.com, Ostern–Mitte Okt., DZ 70–120 €. Rustikale Zimmer z. T. mit Blick auf die Altstadt, Panoramapool.

Essen und Trinken

Degustation – **A Cantinetta:** 29, rue Borgo, Tel. 04 95 77 08 75, im Sommer tgl. 9–18 Uhr. Sie wollen eher kosten als tafeln? Zu einer Portion *fromage* oder *charcuterie corse* können Sie hier nicht nur die Weine der Region probieren, sondern auch die köstlichen Liköre aus Myrte, Klementine, Orange und Pfirsich.
Exquisit korsisch – **Auberge Santa Barbara:** 1 km Richtung Propriano, Tel. 04 95 77 09 06, www.santabarbara.fr, April–Okt, Mo nur abends (außerhalb der Saison geschl.), Menü 34 €. Madame Lovichi hat ihre korsische Kochkunst von der Mama gelernt. Von der Terrasse gibt es zum feinen Essen einen herrlichen Blick auf die Stadt.

Infos und Termine

Office de Tourisme: 6, rue Borgo, Tel. 04 95 77 15 40, www.oti-sartenaisvalinco.com, 15. Juni–15. Sept. Mo–Fr 9–19.30 Uhr, Sa ab 9.30 Uhr, So nur vormittags.

Catenacciu-Prozession: Karfreitag abends. Ein 31,5 kg schweres Eichenkreuz und eine 14 kg schwere Kette schleppt der unter einer Kapuze versteckte, barfüßige ›Große Büßer‹ durch die von Kerzen erleuchteten Straßen.

In der Umgebung

Im Dorf **Fozzano** (▶ D 10) stehen noch die Wohntürme der reichen Clanfamilien, deren blutige Vendetta Prosper Mérimée zu seinem Roman »Colomba« inspirierte. Fahren Sie den Rizzanese entlang und biegen Sie nach Überquerung des Flusses von der D69 auf die D 19 ab, wo sich fantastische Blicke über das Tal des Baracci-Flusses und den Golfe de Valinco öffnen.

Bonifacio

Bizarre Naturschöpfung – der Rocher du Lion südlich von Sartène

22 km Richtung Bonifacio abseits der N 196 hat die Natur einen steinernen Löwen auf einen Felskamm gesetzt, den **Rocher du Lion** (▶ D 11). Viele Reisende halten am **Capu di Roccapina** (▶ D 11), um ein Foto zu machen. Zu dem unter Naturschutz stehenden Strand an der schmalen, türkisen Bucht führt eine Piste, die am Restaurant Corali von der N 196 abzweigt.

Alta Rocca ▶ D/E 9/10

Das gebirgige Hinterland von Sartène ist ein Eldorado für Fernwanderer und Radfahrer, denn die motorisierten Touristen meiden die langen gewundenen Straßen. Eine kurze Rundfahrt über haarsträubende Kurven führt die D 69 hinauf nach **Aullène**, dann über die D 420 und das geruhsame **Serra-di-Scopamène** mit restaurierter Mühle am Bach bis Sorbollano, wo man südwärts über Zoza den Ort **Sainte-Lucie-de-Tallano** erreicht. Von dort geht es über die D 268 zurück nach Sartène.

In der anderen Richtung führt die D 268 in die ›Hauptstadt‹ der Alta Rocca, **Levie**. Das dortige Museum zeigt das fast 9000 Jahre alte Skelett der ›Dame von Bonifacio‹ (Mai–Okt. 9–18 Uhr, 4 €). 3,5 km hinter Levie geht es auf einer winzigen Straße rechts ab zu den Fundstätten von **Cucuruzzu** und **Capula**, prähistorischen Felsfestungen im Wald (April–Okt. 9.30–18 Uhr, 5,50 €).

Bonifacio ▶ E 12,
Cityplan S. 102

Das ›Gibraltar Korsikas‹ ist die südlichste und spektakulärste Siedlung der Insel (2660 Einw.). Über einem tief eingeschnittenen Naturhafen erhebt sich die Festungsstadt auf einem lang gestreckten Kalkfelsen 60 m über dem Meer. Im Sommer stauen sich die Autos vormittags schon vor der Stadt, wo eine Reihe von Parkplätzen den Besucherandrang abarbeiten. Man gelangt zu Fuß zum Jachthafen, wo sich dicht

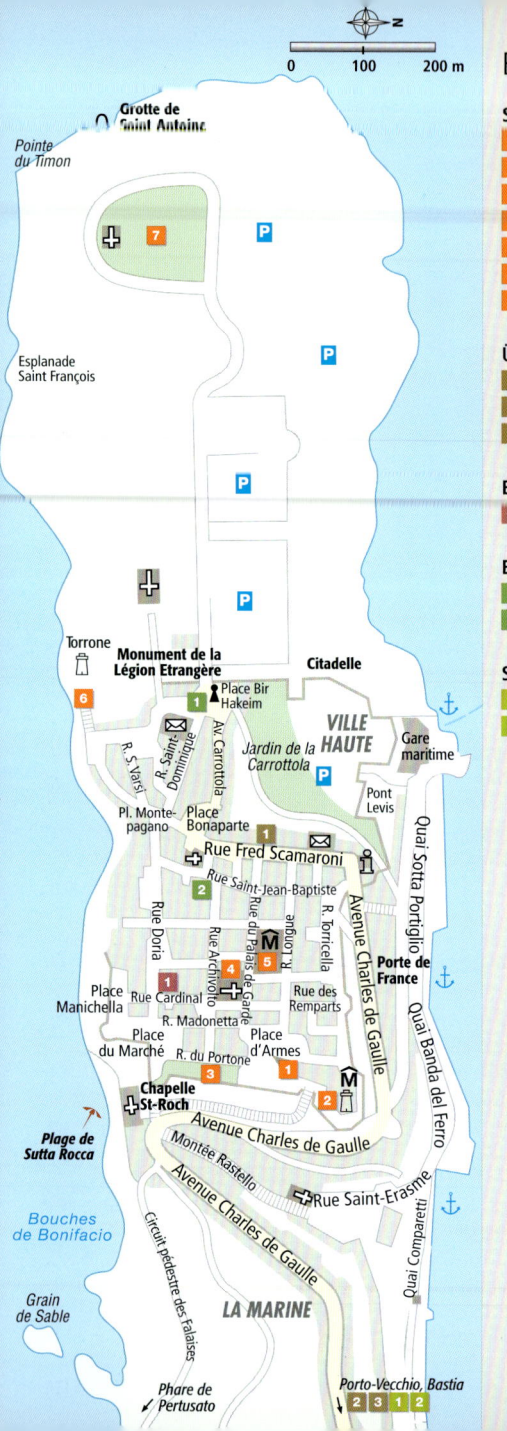

Bonifacio

Sehenswert
1. Porte de Gênes
2. Bastion de L'Etendard
3. Jardin des Vestiges
4. Sainte-Marie-Majeure
5. Palazzo Publico
6. Escalier du Roi d'Aragon
7. Cimetière marin

Übernachten
1. Le Royal
2. Des Etrangers
3. Camping Trinité

Essen und Trinken
1. Cantina Doria

Einkaufen
1. Wochenmarkt
2. Boulangerie Faby

Sport und Aktivitäten
1. Corsica Diving
2. Domaine de Sperone

… an dicht Fischrestaurants und Boutiquen reihen, und steigt auf breiten Treppen (Montée Rastello) in die Oberstadt.

Schon zu Urzeiten besiedelt und bereits Homer ein Begriff, sicherten sich die Genueser Bonifacio als Stützpunkt, indem sie die ligurischen Kolonisten mit besonderen Privilegien ausstatteten. Bis ins 18. Jh. war die Stadt ihres Reichtums wegen von fremden Mächten und Korsaren bedroht, und ihre Bewohner, Seefahrer und Kaufleute, neigten ebenfalls zur Seeräuberei.

Festung

April–Okt. Mo–Fr 9–19, Sa und So 10–17 Uhr, 2,50 €, Faltplan
Durch die **Porte de Gènes** 1, ein imposantes Tor mit Zugbrücke, betritt man die Oberstadt. Ein Teil der Ende des 15. Jh. errichteten Befestigungsanlagen kann besichtigt werden: die **Bastion de L'Etendard** 2 und der **Jardin des Vestiges** 3 mit großartigem Blick über den Hafen.

An der Kathedrale

Die aufs 12. Jh. zurückgehende Kirche **Sainte-Marie-Majeure** 4 (tgl. 8–18.30 Uhr) wird von einem eleganten viereckigen Glockenturm (14. Jh.) überragt. Die Verbindungsbögen zu den umliegenden Häusern leiteten früher Regenwasser von den Dächern in eine 650 m³ große Zisterne unter dem Platz. Unter dem Vordach tagten einst die Stadtältesten und der Podestà hielt Gericht. Schräg gegenüber der Kirche steht der **Palazzo Publico** 5, das Haus des Podestà.

Escalier du Roi d'Aragon 6

April–Okt. 9–19, Sa und So 10–17, 2,50 €
Die in den Fels geschlagene Treppe führt über 187 Stufen hinab zum Meer. Der Legende nach hat sie der König von Aragon, als er 1420 die Stadt belagerte, in einer Nacht bauen lassen.

Cimetière marin 7

Auf der einst bewaldeten, jetzt kahlen Landspitze liegt neben drei restaurierten Windmühlen aus dem 13. Jh. der alte Meeresfriedhof. Die dicht gereihten Mausoleen wohlhabender Bürger vermitteln den Eindruck einer Totenstadt.

Übernachten

Komfortabel – **Le Royal** 1: 8, rue Fred Scamaroni, Tel. 04 95 73 00 51, www.hotel-leroyal.com, DZ je nach Saison 75–115 €. Charmantes kleines Hotel mitten in der Oberstadt.

Günstig – **Des Etrangers** 2: Av. Sylvère Bohn, Tel. 04 95 73 01 09, www.hoteldesetrangers.fr, DZ 44–73 €. Am Ortseingang an der N 196, zum Hafen 5 Min. zu Fuß. Korrekte, preisgünstige Zimmer.

Einfach – **Camping Trinité** 3: Abseits der N 196, 5 km westlich der Stadt, Tel. 04 95 73 01 91, www.camping-trinite.fr, Mitte April–Ende Sept., 2 P. mit Zelt und Pkw 15–21 €. Unter den Felsen um die Ermitage gelegen, mit Blick auf Bonifacio, kleine Bäume. 100 Plätze, einige Bungalows (Hochsaison 680 € p. Woche). Ein schöner Fleck für ein Basislager zur Eroberung der südlichen Insel.

Essen und Trinken

Am Quai Comparetti gibt es eine große Auswahl von Fischrestaurants, in der Oberstadt preiswertere Lokale (Crêperien, Pizzerien). Uns gefiel:
A la bonifacienne – **Cantina Doria** 1: 27, rue Doria, Tel. 04 95 73 50 49, Hauptsaison tgl., sonst So–Fr, Menü 17 €. Deftige Regionalküche: korsische Suppe, Lasagne, Auberginen nach Bonifacio-Art und hausgemachte Kuchen!

Der Süden

Einkaufen

Jede Woche frisch – **Wochenmarkt**
1: Pl. Bir-Hakeim, Mi 8–12 Uhr.
Feiertagsgebäck – **Boulangerie Faby**
2: 4, rue Saint-Jean-Baptiste. In der Bäckerei gibt es korsische Spezialitäten, die sonst nur zu hohen Feiertagen gebacken werden.

Sport und Aktivitäten

Tauchen – **Corsica Diving** **1**: Immeuble Les Palmiers, quai Senola (gegenüber quai Comparetti), www.plongerencorse.com. Diverse Tauchkurse, Ausrüstung, Lavezzi-Tour.
Golfen – **Domaine de Sperone** **2**: Ca. 6 km östlich Richtung Piantarella, Tel. 04 95 73 17 13, www.sperone.net. 18-Loch-Platz in einmaliger Lage an der Küste.
Auf den Klippen – Eine Wanderung auf einem herrlichen Klippenweg führt zum **Kap Pertusato** (direkt 14 ▶ S. 105).

Infos und Termine

Office de Tourisme: 2, rue Fred Scamaroni (Oberstadt), Tel. 04 95 73 11 88, www.bonifacio.fr, Mai–Ende Sept. 9–19 Uhr. Annex im Hafen.
Touristenbahn: Am Kopfende des Hafens startet der Petit Train zur bequemen Erkundung der Oberstadt.
Busse: Ab Busparkplatz am Hafen nach Ajaccio, Bastia, Porto-Vecchio, Propriano und Sartène
Fähren: Im Sommer mehmals tgl. nach Santa Teresa di Gallura auf Sardinien mit Saremar, Tel. 04 95 73 00 96, und Moby Lines, Tel. 04 95 73 00 29.
Karwoche: Am Gründonnerstag und Karfreitag schleppen fünf städtische Bruderschaften Holzkreuze zur Kirche Sainte-Marie-Majeure, wo die Reliquie des Heiligen Kreuzes verehrt wird.
Journées médiévales: Pfingsten. Großes Mittelalterfest in der Altstadt.

Porto-Vecchio ▶ E/F 10

Die drittgrößte Stadt Korsikas (10 300 Einw.) ist das Zentrum des Badelebens im Südosten der Insel, wo sich traumschöne Buchten mit feinem weißem Sand aneinanderreihen. Von einer genuesischen Festungsmauer umgeben, liegt Porto-Vecchio auf einem Hügel über dem Hafen tief in dem schmalen, langen Golf. Die Urlauber verteilen sich entlang der Küste, sie kommen in die Stadt, um in den Supermärkten einzukaufen und durch die lebendige **Altstadt** zu bummeln. Im Sommer ist diese von 21–1 Uhr ganz den Fußgängern vorbehalten, aber auch sonst sollte man den Wagen vor den Mauern stehen lassen. Schnell ist die **Place de la République** erreicht, wo das Leben pulsiert. Von der **Porte Génoise** bietet sich der schönste Blick auf den Hafen, den man von der Altstadt nur über die Rue Pasteur erreicht.

Strände

Nördlich der Stadt an der N 198 liegen die felsenumrahmten Strände von **Favone** und **Fautea**. In Sainte-Lucie-de-Porto-Vecchio zweigt die D 168a nach **Pinarello** und zu mehreren schönen Stränden an der gleichnamigen Bucht ab, am reizvollsten der Granitsandstrand an der Cavo-Mündung hinter La Testa. Über die D 468 geht es zum Bilderbuchstrand von **San Ciprianu**, eine Abzweigung führt an die Bucht von **Cala Rossa**, die wie die schöne Halbinsel **Benedettu** und der geschützte **Golfo di Sogno** am nördlichen Bogen des Golfe de Porto-Vecchio liegt.

Am südlichen Golf ist die **Punta di a Chiappa** seit Jahrzehnten fest in der Hand einer komfortablen FKK-Anlage. Der berühmte Strand von **Palombaggia** ist in der Hochsaison überlaufen, sonst aber ideales Terrain ▷ S. 108

14 | Auf Klippen zum Kap – die Meerenge von Bonifacio

Karte: ▶ E 12 | **Wanderung:** Ab/bis Bonifacio 8 km, reine Gehzeit ca. 2 ½ Std.

Ein Panoramaweg führt über die Kreideklippen von Bonifacio zum Leuchtturm am Kap Pertusato, der äußersten Landspitze Korsikas. Sardinien zeichnet sich ab und die Lavezzi-Inseln grüßen. Es ist ein Spaziergang, der bei heftigem Wind Vorsicht gebietet.

Die Südspitze gehört zu den größten Attraktionen Korsikas. Von der Brandung unterhöhlt, stürzt die blendend weiße Steilküste 120 m tief ins Meer ab. Man erkennt deutlich die übereinanderliegenden Schichten, die durch sukzessive Kalkablagerung entstanden sind. Im Miozän hat sich über dem älteren Granit ein 60 km² großes, bis zu 150 m dickes Kalkplateau gebildet. Es ist von Trockentälern, Höhlen, Senken durchzogen und erreicht seine spektakulärste Formation bei Bonifacio. Eine schmale Halbinsel trennt dort ein ›ertrunkenes‹ Flusstal fjordartig von der Meerseite ab – gerade so, wie es Homer seinen Helden Odysseus beschreiben lässt: »Der Hafen, in den wir einfuhren, war vortrefflich, von allen Seiten durch schroffe Felsen geschirmt, sodass das Gewässer in der Bucht stets ruhig und wellenlos war.«

Der Klippenweg

Der gepflasterte Fußweg, der vom Hafen zur Zitadelle hochführt, kreuzt auf halber Höhe die Straßenkehre. Am **Col Saint-Roch** 1 gegenüber der gleichnamigen Kapelle beginnt der großartige Klippenweg, der **Circuit pédestre des Falaises**. Steigen Sie ostwärts die Stufen zu den weiß gezackten Kreideklippen hoch. Links blicken Sie über den Naturhafen auf das Plateau und weiter zu den Cagna-Bergen, rechts sehen Sie auf der anderen Seite der Meerenge die Nordküste von Sardinien mit ihren Inseln. Nur 12 km trennen das ›korsische Gibraltar‹ von der italienischen Nach-

Der Süden

barinsel. Die Meerenge ist von einer Inselkette (Cavallo, Lavezzi, Razzoli, Budelli, Maddalena, Caprera) durchzogen, die eine frühere Landverbindung nahelegt. Vermutlich haben Erdverschiebungen den Isthmus in die Vielzahl von Inseln und Klippen zersplittert, die für die Gefährlichkeit der Durchfahrt verantwortlich sind.

Wechselnde Panoramen
Auf den Klippen geht es fast eben über Kreideplatten durch spärliche Wacholdervegetation. Treten Sie nicht zu nah an den windgepeitschten Steilabfall heran, wenn Sie die geriffelten Wände entlang ein Auge auf den **Grain de Sable** 2 (Sandkorn) genannten Kreideblock im Meer blicken wollen, der zu den beliebtesten Fotomotiven gehört.

Der Weg verläuft gut 60 m über dem tosenden Meer und mündet nach etwa einer halben Stunde in ein Asphaltsträßchen, dem Sie folgen, bis rechts die Straße zum Leuchtturm abzweigt. Es geht durch eine Senke an halb zerstörten **Geschützstellungen** 3 vorbei. An der **Signalstation** 4, 105 m über dem Meer gelegen, erweitert sich das Blickfeld nach Osten zu den Lavezzi-Inseln. Sie sind eine bizarre Ansammlung von Granitblöcken, ein unbewohntes Naturschutzgebiet, dessen scharfe Winde eine Baum- und Strauchvegetation verhindern. Zwei Friedhöfe und eine Gedenkpyramide erinnern noch immer an das Schicksal der »Sémillante«, die am 18. Februar 1855 – mit 773 Mann Besatzung zur Krim unterwegs – an einem Felsen zerschellte.

Kette von Leuchttürmen
Im Vordergrund rückt auf der äußersten Landspitze der alte **Leuchtturm von Pertusato** 5 ins Blickfeld. Gehen Sie die Straße weiter und quer durch die Macchia auf ihn zu. 1844 erbaut, ist er der älteste einer ganzen Reihe von Leuchttürmen, die vom **Capo di Feno** (1874) über **Madonetta** (1854) und das Capo Pertusato bis hinüber zu den **Lavezzi-Inseln** (1874) reichen und eine kontinuierliche Küstenüberwachung ermöglichen. Sie können aber nicht verhindern, dass in der Straße von Bonifacio regelmäßig Schiffe auflaufen.

Nachdem 1993 endlich die Durchfahrt für Tanker verboten wurde, muss man nicht mehr das Schlimmste befürchten. Eine Ölpest hätte ganzen Kolonien seltener Seevögel den schwarzen Tod gebracht und alle ökologischen Anstrengungen, etwa im Naturreservat Lavezzi, ad absurdum geführt. Schließlich lebt Bonifacio von seiner attraktiven Küste, die nicht nur ein paar Millionäre auf die Privatinsel **Cavallo** oder auf den Golfplatz an der Pointe de Spereno, sondern jedes Jahr Zigtausende von Touristen in die Cafés und Ausflugsboote lockt.

Abstieg zum Meer
Unter dem Leuchtturm sieht man das ›durchlöcherte Vorgebirge‹, nach dem das Capo Pertusato benannt ist. Es lohnt sich, die 80 m hinunterzusteigen, um mit Blick auf die kleine **Ile Saint-Antoine** 6 eine Rast im Sand einzulegen, auf der anderen Seite in die Grot-

---

Übrigens: Ungefähr auf halber Strecke der Wanderung sieht man landeinwärts auf dem Plateau seltsame Steinhütten, sogenannte **barraconi**. Die iglufömigen Rundbauten, aus unverputzt aufeinandergepassten Natursteinen geschichtet, bestehen aus einem einzigen Raum und einer einzigen Öffnung als Tür. Sie dienten und dienen als Windschutz, Geräteschuppen und Erntespeicher.

te zu schauen und vom dazwischenliegenden Felsvorsprung nach Bonifacio zurückzublicken. Auf dem Rückweg ist die letzte Wegstrecke besonders spektakulär, wenn Sie auf den Klippenweg einschwenken und hoch üb[er dem] Meer die Festungsstadt auf dem [über]hängenden Felspodest thronen sehen. Besonders im Abendlicht ein unvergesslicher Anblick.

Bootstour als Alternative

Die Exkursion mit einem Ausflugsboot ist kein Ersatz, bringt aber einen verblüffenden Perspektivenwechsel und kann eine schöne Ergänzung zur Klippenwanderung sein. Zwar fehlt das erhabene Inselpanorama, aber die Steilküste bietet sich vom Meer aus dramatischer dar und die Einfahrt in Grotten ist ein Erlebnis für sich. Mehrere Bootsunternehmen teilen sich die sehr zahlreiche Kundschaft: **Gina** (www.ginacroisiere.com), **Rocca Croisières** (www.rocca-croisieres.com), und **Thalassa Croisières** (www.vedettesthalassa.com). Abfahrtszeiten in der Saison halbstündlich, Auskunft an der Hafenmole, wo die Boote ablegen. Die Steilküsten-Tour (Falaises, calanques et grottes) dauert etwa 1 Std. und kostet für Erwachsene 17,50 €, für Jugendliche 9–12 €, für Kinder unter 7 Jahren nichts. Dieselben Unternehmen bieten auch Exkursionen zu den **Lavezzi-Inseln** an (Preise etwa das Doppelte), die wegen ihrer Strände und Tauchgründe beliebt sind. Die Überfahrt dauert 30 Min. Man kann sich absetzen lassen und nach einem Bade- oder Schnorchelaufenthalt (Sonnenschutz, Trinkwasser mitnehmen!) mit einem späteren Boot zurückfahren.

...underschön der ...ulia, den Sie mit ...ern teilen müs... ...e zwischen Porto-...io, zu erreichen über die D 158, gibt es noch die kleine perfekte **Baie de Rondinara** mit feinstem Sand und schönen Pinien.

Übernachten

Auf kleiner Halbinsel – **Hôtel Le Goéland:** Marine de Porto-Vecchio, Tel. 04 95 70 14 15, www.hotelgoeland.com, April–Okt., DZ 100–290 €. Mit schönem Blick über den Golf, eigenem Strand. Nahe Jachthafen und Stadt.
Im Park – **Kilina:** Rte. de Cala Rossa, Tel. 04 95 71 60 43, www.kilina.net, DZ 80–182 €. 1,5 km vom Strand, helle Zimmer in Pavillons, die locker in einem Park von Pinien und Steineichen verteilt sind. Poolmenü im Grillrestaurant.
Frischluft – **Camping California:** 2,5 km südl. von Pinarello, Tel. 04 95 71 49 24, www.camping-california.net, Mai–Okt., 2 P. mit Zelt und Pkw 19 €. Ruhiger, gepflegter und schattiger Platz an einer Lagune, 50 m hinter einem Strand, den man sich mit den Gästen des FKK-Campingplatzes nebenan teilt.

Essen und Trinken

Viele Bars und Cafés gibt es rund um die Place de la République, Restaurants in den Gassen Richtung Hafen, v. a. in der Rue Borgo: Hier ist für jeden etwas dabei, allerdings nicht billig, die Qualität ist gut, z. T. aber schwankend. Die Lokale am Wasser sind auf Fisch und Meeresfrüchte spezialisiert.
Italienisch-korsisch – **Le Tourisme:** 12, cours Napoléon, Tel. 04 95 70 06 45, tgl. außer So mittags, Menü 25 €. Tadelloses Bistro im Herzen der Stadt.
Kulinarische Oase – **Le Troubadour:** 13, rue du Général Leclerc, Tel. 04 95 70 08 62, Mo–Sa, im Sommer nur abends, Menüs 39–89 €, Mittagessen 29 €. Stilvoller Speisesaal über der Pianobar, bestes Preis-Leistungs-Verhältnis.

Einkaufen

Frischkost – **Bauernmarkt:** Pl. de la Mairie, So vormittag, frische Produkte und Feiertagsstimmung.
Feinkost – **L´Orriu:** 5, cours Napoléon. Feinste Spezialitäten schön präsentiert.

Ausgehen

Disco Nr. 1 – **Via Notte:** Rte. de Porra, Arataggiu (Richtung Punta di a Chiappa), Tel. 04 95 72 02 12, www.via notte.com, Juni–Mitte Sept. tgl. 22–5 Uhr. Größte Disco der Insel, die besten DJs, zahlreiche Bars.

Infos

Office de Tourisme: Rue Camille de Rocca Serra (nahe pl. de la République), Tel. 04 95 70 09 58, www.destination-sudcorse.com, Mitte Juni–Mitte Sept. Mo–Sa 9–20, So 9–13 Uhr.
Touristenbahn: Der Petit Train verkehrt alle 15 Min. zwischen Hafen (Capitainerie) und Altstadt.

In der Umgebung

Hinter Porto-Vecchio schraubt sich die D 368 binnen weniger Kilometer auf gut 900 m hoch. Durch das Dorf **L'Ospédale** (▶ E 10), in dem viele Einwohner aus Porto-Vecchio einen Sommersitz haben, geht es am Stausee vorbei durch den Wald **Forêt de l'Ospédale**, wo es überall schöne Stellen für ein Picknick, Spazierwege und Kletterfelsen gibt. Der Abstieg zum Wasserfall Piscia di Gallu (700 m hinter der Staumauer an der Imbissbude, hin und zurück 1 ½ Std., teilweise sehr steil, feste Schuhe) lohnt sich v. a. in der Vorsaison.

Hinter **Zonza** (▶ E 9) erhebt sich das **Bavella-Massiv**, ein Paradies für Wanderer (direkt 15 ▶ S. 109).

15 | Die Dolomiten Korsikas – wandern im Bavella-Massiv

Karte: ▶ E 9 | **Anfahrt:** Von Zonza 9 km, Porto-Vecchio 40 km, Solenzara 30 km

Die Bavella-Türme sind ein Blickfang für alle Urlauber, die im Süden Korsikas ihre Zelte aufgeschlagen haben. Je nach Tageszeit und Wetter glühen sie golden oder mauvefarben, verdunkeln sich ins Blaue oder Anthrazitfarbene, verschwinden teilweise hinter Nebelfetzen – ein Schauspiel, das nicht nur Kletterer in die Bergwelt lockt.

Ob man die Passhöhe (1218 m) von Solenzara aus kurvenreich in 30 km erreicht (D 268) oder in einer längeren Anfahrt von Porto-Vecchio oder Sartène kommend über **Zonza** ansteuert, der **Col de Bavella** 1 ist für sich schon ein Erlebnis, denn der Anblick der bizarren Felsnadeln aus unmittelbarer Nähe ist Ehrfurcht gebietend. Die zerklüfteten Wände mit ihren Orgeln, Kaminen, Spitzen üben auf Kletterer und Bergsteiger eine ungeheure Anziehungskraft aus, aber auch Wanderer und Spaziergänger kommen auf ihre Kosten, wenn sie sich vor der grandiosen Kulisse auf die markierten und gut instand gehaltenen Wanderwege begeben. Wer auf seiner Ausflugsfahrt lediglich kurz am Pass verweilen und schöne Fotos machen will, braucht nur vom Parkplatz den Hang hochzugehen: Ein rot markierter, »U Cumpuleddu« ausgeschilderter Weg führt auf eine Matte mit herrlichem Blick auf die Bavella-Türme.

Zum Trou de la Bombe

Es ist der Weg, auf dem Sie zurückkommen, wenn Sie sich für die Rundtour zum ›Trou de la Bombe‹ entscheiden, einem 8 m großen Loch im Felsenkamm, das die Franzosen martialisch einem Bombenwurf zuschreiben, während die Korsen eher an einen löchrigen Schaf- oder Ziegenpferch denken, daher der Name ›U Tafonu d´u Cumpuleddu‹. Gehen Sie zunächst die Teerstraße ab-

Der Süden

wärts und, vorbei an der Auberge du Col auf den GR 20 (südliche Route). Nach 10 Min. zweigt rechts ein rot markierter Pfad in den Kiefernwald ab, auf dem bald auch Schilder (»U Cumpuleddu«) und Steinmännchen auftauchen und schließlich das ominöse Felsenloch sichtbar wird. Vom Aussichtspunkt geht es hinunter zur **Bocca di Velaco** 2, einer einladenden Bergwiese mit umgestürzten Baumskeletten, die 1 Std. nach Aufbruch erreicht ist und direkt unter dem runden Felsgipfel namens Punta Velaco liegt. Links ab geht es in 15 Min. durch zunehmend felsiges Terrain hinauf zum **Trou de la Bombe** 3, das durch ein Felsentor aus nächster Nähe zu sehen ist und nur von ganz Mutigen und Schwindelfreien auch noch erklettert wird. Zurück auf der Bocca di Velaco, kommen Sie geradeaus auf einen breiten Weg, der sich bald auf-, bald abwärts schlängelt. Halten Sie dann auf den Höhenrücken zu, auf dem Sie an einem Sendemast direkt auf Bavella-Wände zulaufen. Gesamtgehzeit 2 ¼ Std.

Auf den Turm III

Auf der anderen Seite der Passstraße kann man dem GR 20 (nördliche Route) direkt in die Bavellas hinein folgen und auf den dritten der sieben Türme aufsteigen, die Bavellaspitze, die als einzige ohne besondere Klettererfahrung zugänglich ist. Nach wenigen Minuten gabelt sich der Weg. Links verläuft die rot-weiß markierte Normalroute des GR 20, rechts zweigt, durch einen gelben Doppelstrich markiert, die Alpinvariante ab, die sogleich in steiles Gelände führt. Nehmen Sie bei Bedarf die Hande zu Hilfe und achten Sie bei unübersichtlicher Pfadführung genau auf die Markierung. Es geht vom Fuß des Turms I durch Grobblockgelände zum Fuß des Turms II und dort durch eine Felsenge auf einen abschüssigen Plattenschuss, der durch eine Kette gesichert ist. Dies ist die schwierigste Passage, an der absolute Trittsicherheit erforderlich ist. Danach steigen Sie durch eine Scharte höher und gelangen problemlos auf die Punta di a Vacca (1611 m), den **Turm III** 4. Noch ein Stück weiter zu einem Sattel – und der Blick schweift weit hinunter ins Asinao-Tal, wo am östlichen Hang die Normalroute des GR 20 verläuft. Sie können auf ihr im großen Bogen zum Ausgangspunkt zurückkehren, wenn Sie der Alpinvariante noch bis zur Kreuzung nordwärts folgen (Gehzeit insgesamt 6 ½ Std.). Andernfalls kehren Sie jetzt um und gehen auf demselben Weg zurück zum Pass (3 ½ Std.).

> **Übrigens:** In den Bergwäldern von Bavella und Umgebung hat die Parkbehörde ein Reservat für **Mufflons** eingerichtet. Vielleicht sehen Sie das kleinwüchsige Wildschaf mit den schneckenförmigen Hörnern. Als freiheitsverkörperndes Symboltier ziert es in Korsika sonst nur Flugblätter, Mauern und Waren aller Art.

Infos
Office de Tourisme Zonza: Straße nach Levie, Tel. 04 95 78 56 33, www.zonza-saintelucie.com, Mo–Fr 8.30–12.30, 14–17 Uhr, Juli/Aug. auch Sa/So vormittags geöffnet

Damit nichts passieren kann
Die erste Wanderung ist ein gemütlicher Waldspaziergang mit einer kurzen, relativ anstrengenden Passage vor dem Felsenloch, zu dem man nicht hochkraxeln muss. Die zweite Wanderung

15 | Wandern im Bavella-Massiv

ist eine anspruchsvolle Hochgebirgstour, die Kondition und behutsames Gehen, in der Langvariante erhebliche Ausdauer erfordert. Im einen Fall reicht festes Schuhwerk, im andern benötigen Sie Bergschuhe mit grobstolliger Profilsohle (keine Turnschuhe). Stellen Sie sich auf starke Sonneneinstrahlung im baumlosen Bereich und einen möglichen Schlechtwettereinbruch ein – also Sonnenschutz, aber auch Wind-, Regen-, Kälteschutz, außerdem Wasser und Proviant in den Rucksack! Für alle Fälle sind auch die IGN-Karte 4253 ET (»Aiguilles de Bavella, Solenzara«) und ein Handy empfehlenswert.

Korsische Bergromantik

Am Pass sind von April bis Ende Okt. zwei Gîtes d'étapes in Betrieb, in denen man korsisch essen und in urigen Mehrbettzimmern übernachten kann: oben gleich beim Parkplatz **Les Aiguilles** 1 (Tel. 04 95 72 01 88) und 300 m unterhalb die **Auberge du Col** 2 (Tel. 04 95 72 09 87, www.auberge-bavella.com), Letztere seit 1936 von derselben Familie geführt. Die Preise unterscheiden sich nur geringfügig (Menü 22 €, Übernachtung 15–18 €, Halbpension 32–34 €). Im Laden gegenüber der Auberge können Sie Ihre Picknickvorräte ergänzen. Aus dem Brunnen davor, der Fontaine du Cannone, sprudelt frisches Trinkwasser.

Baden und Kraxeln

Unterhalb des Bavella-Massivs hat der **Polischellu-Bach** 1 sich so kunstvoll in den Granitfelsen gegraben, dass eine grandiose Abfolge von Becken und Kaskaden an Sommertagen zur verdienten Erfrischung einlädt. Vom Pass aus 9,5 km abwärts auf der D268, folgt man bei der Brücke dem Pfad am linken Ufer bachaufwärts. Bis zur ersten Kaskade mit türkisgrüner Wanne sind es 15 Min. Bis zum 17. Becken mit seinem 25 m hohen Wasserfall muss allerdings mit wasserfesten Schuhen halb gekraxelt, halb geschwommen werden. Noch weiter oben Canyoning.

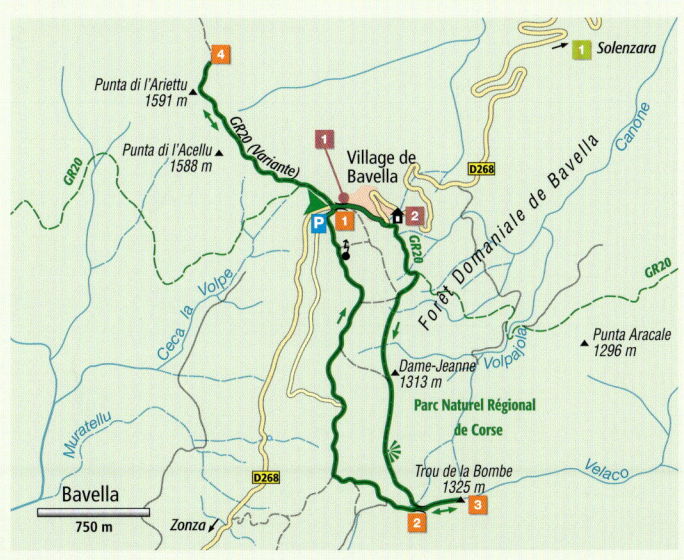

111

Sprachführer Französisch

Allgemeines

Guten Tag	bonjour
Guten Abend	bonsoir
Auf Wiedersehen	au revoir
Wie geht's?	Ça va?
Danke, gut.	Merci, bien.
bitte	s'il vous plaît
danke	merci
Entschuldigung	pardon
Wo ist …	Où est …?
Wann?	Quand?

Unterwegs

Haltestelle	arrêt
Bus	bus, car
Fahrkarte	ticket
Bahnhof	gare
Flughafen	aéroport
Auto	voiture
Ampel	feu
Straße	rue/route
Hin/Rückfahrt	aller/retour
Eingang	entrée
Ausgang	sortie
links	à gauche
rechts	à droite
geradeaus	tout droit
hier	ici
dort	là
daneben	à côté
Stadtplan	plan de ville
Auskunft	information
Vorsicht	attention
Bank	banque
Telefon	téléphone
Tankstelle	station d'essence
geöffnet	ouvert
geschlossen	fermé

Zeit

Sonntag	dimanche
Montag	lundi
Dienstag	mardi
Mittwoch	mercredi
Donnerstag	jeudi
Freitag	vendredi
Samstag	samedi
Feiertag	jour de fête
Minute	minute
Stunde	heure
Tag	jour
Woche	semaine
Monat	mois
Jahr	année
heute	aujourd'hui
gestern	hier
morgen	demain
morgens	le matin
mittags	à midi
nachmittags	l'après-midi
abends	le soir
vor/nach	avant/après
früh/spät	tôt/tard

Notfall

Hilfe!	Au secours!
Polizei	police
Arzt	médecin
Unfall	accident
Panne	panne

Übernachten

Zimmer	chambre
Einzelzimmer	chambre individuelle
Doppelzimmer	chambre double
Bad	salle de bains
Dusche	douche
Doppelbett	grand lit
Einzelbetten	deux lits
Schlüssel	clé
Gepäck	bagages
Pass	passeport
Ausweis	carte d'identité
Quittung	facture
Empfang	réception
Preis	prix
Rechnung	note
Ankunft	arrivée
Abfahrt	départ
Parkplatz	parking
Zelt	tente
Wohnwagen	caravan

Einkaufen

kaufen	acheter
Geschäft	magasin
Markt	marché

Sprachführer

bar	en espèces	bitte	in grazia/ia
Geld	argent	Gute Reise!	Bon viaghju!
Geldautomat	guichet automatique	**Zahlen**	
Scheck	chèque	1 un	17 dix-sept
Kreditkarte	carte de crédit	2 deux	18 dix-huit
teuer	cher	3 trois	19 dix-neuf
billig	bon marché	4 quatre	20 vingt
Wie viel?	Combien?	5 cinq	21 vingt et un
		6 six	30 trente
Ein paar Brocken Korsisch		7 sept	40 quarante
Guten Tag	bonghjornu	8 huit	50 cinquante
Hallo	salutu	9 neuf	60 soixante
Auf Wiedersehen	A vedeci	10 dix	70 soixante-dix
Wie geht's?	Cumusi?	11 onze	80 quatre-vingt
Geht's allen gut?	Tutti bè?	12 douze	90 quatre-vingt-dix
Ganz gut	A'bastanza	13 treize	100 cent
ja	sì, iè	14 quatorze	150 cent cinquante
nein	nò	15 quinze	200 deux cent(s)
danke	grazie	16 seize	1000 mille
vielen Dank	grazie tante		

Die wichtigsten Sätze

Allgemeines
Sprechen Sie Deutsch/Englisch? Parlez-vous allemand/anglais?
Ich verstehe nicht. Je ne comprends pas.
Ich spreche kein Französisch. Je ne parle pas français.
Ich heiße … Je m'appelle …
Wie viel Uhr ist es? Il est quelle heure?

Unterwegs
Wie komme ich nach …? Comment aller à …?
Wo ist bitte …? Pardon, où est …?
Wo finde ich …? Où est-ce que je peux trouver …?
Könnten Sie mir bitte … zeigen? Pourriez-vous me montrer …?
Wo kann ich den Wagen parken? Où puis-je garer ma voiture?

Notfall
Können Sie mir bitte helfen? Pourriez-vous m'aider?
Ich brauche einen Arzt. J'ai besoin d'un médecin.
Hier tut es weh. Ça me fait mal ici.

Übernachten
Haben Sie ein freies Zimmer? Avez-vous une chambre de libre?
Wie viel kostet das Zimmer pro Nacht? Quel est le prix de la chambre par nuit?
Ich habe ein Zimmer reserviert. J'ai réservé une chambre.

Einkaufen
Ich brauche … J'ai besoin de …
Wie viel kostet das? Ça coûte combien?
Wann öffnet/schließt …? Quand ouvre/ferme …?

Kulinarisches Lexikon

Vorspeisen – hors d'oeuvre

charcuterie corse	korsischer Aufschnitt vom Schwein
coppa	in Salz und Wein eingelegter, getrockneter und geräucherter, gerollter Schinken vom Kamm
crudités	Rohkostteller
lonzu	geräuchertes und gepfeffertes Filet
prisuttu	roher Schinken
salsiccia	kräftig gewürzte Hartwurst
salade	Salat
terrine de sanglier	Wildschweinpastete

Fleisch – viande

agneau	Lammfleisch
boeuf	Rind
cabri	Zicklein
figatelli	dunkle Leberwürste, häufig gegrillt oder gebraten
gibier	Wild
lapin	Kaninchen
lièvre	Hase
poulet	Hühnchen
sanglier (kors. *cinghjale*)	Wildschwein
veau	Kalb
civet	Ragout
stufattu	Eintopf

Fisch und Meeresfrüchte – poisson et fruits de mer

aziminu	korsische Fischsuppe, ähnlich der Bouillabaisse
calmar	Tintenfisch
crevettes	Krabben
dorade	Goldbrasse
huîtres	Austern
langoustes	Langusten
lotte	Seeteufel
loup de mer	Seewolf
oursin (kors. *ricciu di mare*)	Seeigel
poulpe	großer, achtarmiger Tintenfisch
rouget	Meerbarbe
truite	Forelle

Vegetarische Gerichte – plats végétariens

au brocciu	mit Frischkäse gefüllt
omelette	Omelett
pizza au feu du bois	Pizza vom Holzkohlefeuer
storzapretl	Klöße aus einer Brocciu-Spinat-Eiermasse
zuppa corsa	deftige Gemüsesuppe

Beilagen – garnitures

artichauts	Artischocken
aubergines	Auberginen
courgettes	Zucchini
châtaignes	Kastanien
épinards	Spinat
haricots	Bohnen
haricots verts	grüne Bohnen
légumes	Gemüse
pain	Brot (*complet* = Vollkornbrot)
poivron	Paprika
pommes de terre	Kartoffeln
pulenda	Maronenbrei
riz	Reis

Käse – fromage

brocciu	milder korsischer Frischkäse
fromage de brebis	Schafskäse
fromage de chèvre	Ziegenkäse

Obst – fruits

abricot	Aprikose
cédrat	Zitronatzitrone – Grundlage für Liköre und Konfitüren
cérise	Kirsche
figue	Feige
fraise	Erdbeere
framboise	Himbeeren
pastèque	Wassermelone

Kulinarisches Lexikon

pêche	Pfirsich
poire	Birne
pomme	Apfel
prune	Pflaume
raisin	Weintraube

Gebäck und Nachspeisen – pâtisserie et desserts

canistrelli	trockenes Süßgebäck, mit Mandeln oder Anis gewürzt
falculelle	flache Brocciuküchlein auf Kastanienblatt
fiadone	duftiger, flacher Käsekuchen mit Orangenblütenwasser
fritelle	süße Krapfen, oft aus Kastanienmehl, mit Brocciu gefüllt
torta castagnina	Maronenkuchen mit Walnüssen, Mandeln, Pinienkernen und Rosinen
gâteau	Kuchen
tarte	Obstkuchen
glace/sorbet	Eis/Fruchteis

Getränke – boissons

bière (pression)/ … sans alcool	Bier (vom Fass)/ alkoholfrei
boissons non alcoolisées	alkoholfreie Getränke
café	Kaffee
… au lait	Milchkaffee
… express	Espresso
… crème	mit aufgeschäumter Milch
citron pressé	Zitronensaft, serviert mit Wasser zum Selbstnachschütten
chocolat	Schokolade, Kakao
coca	Cola, auf der Insel auch die einheimische CorsicaCola
eau-de-vie	klarer Schnaps
eau gazeuse	Mineralwasser mit Kohlensäure
eau minérale	stilles Tafelwasser
grenadine/menthe à l'eau	Granatapfel-/Pfefferminzsirup, mit Wasser serviert
infusion	Kräutertee
jus	Saft
… d'orange	Orangensaft
… de pomme	Apfelsaft
lait	Milch
… chaud	heiß
… froid	kalt
thé	Schwarztee
vin	Wein (*pichet* = offener Wein in Karaffen ab 0,25 l)
… blanc	Weißwein
… rouge	Rotwein
… rosé	Rosé
… sec	trocken
… doux	lieblich, süß
muscat	Dessertwein vom Cap Corse

Im Restaurant

Ich möchte einen Tisch reservieren.	Je voudrais réserver une table.
Die Speisekarte, bitte.	La carte, s'il vous plaît.
Die Rechnung, bitte.	L'addition, s'il vous plaît.
essen	manger
trinken	boire
Frühstück	petit déjeuner
Mittagessen	déjeuner
Abendessen	dîner
Mahlzeit	repas
Suppe	soupe
Hauptgericht	plat principal
Tagesgericht	plat du jour
Gedeck	couvert
Speisekarte	carte, menu
Weinkarte	carte des vins
Getränk	boisson
Tisch	table
Messer	couteau
Gabel	fourchette
Löffel	cuillère
Teelöffel	petite cuillère
Teller	assiette
Flasche	bouteille
Glas	verre
Wasser	de l'eau
Salz	sel
Pfeffer	poivre
Zucker	sucre
Süßstoff	saccharine
zahlen	payer

Register

A Cima 59
Abenteuerpark Vizzavona 87
Abri Albertini 75
Ajaccio 7, **88**
– Assemblée Territoriale de Corse 93
– Cathédrale Notre-Dame-de-la-Miséricorde 88
– Chapelle Impériale 91
– Maison Bonaparte 90
– Mémorial Napoléon 91
– Musée A Bandera 93
– Musée Fesch 88
– Salon Napoléonien 90
– Zitadelle 88
Aktivitäten 23
Albertacce 75
Aléria 48
Algajola 56, 64
Alignement de Renaggiu 99
Alignement I Stantari 99
Alignements de Pallaggiu 98
Alta Rocca 6, **101**
Anreise 18
Anse de Peraiola 46
Anse de Vana 46
Aquarium de la Poudrière 68
Aregno 59
Ärztliche Versorgung 20
Asco 73
Asco-Tal 7, 11, **72**
Aullène 101
Ausdehnung 10
Auto 27

Bahn 27
Baie de Rondinara 108
Baie de Tamarone 33
Balagne 58
Barcaggio 31
Bartgeier 68, 73
Bastia 6, **35**
– Cathédrale Sainte-Marie-de-l'Assomption 36
– Chapelle de l'Immaculée Conception 35
– Chapelle Saint-Roch 35
– Chapelle Sainte-Croix 36
– Musée de Bastia 36
– Palais des Gouverneurs 36
– Saint-Jean-Baptiste 35
– Vieux-Port 35
Bavella-Massiv 6, 11, 108, **109**
Behindertengerechtes Reisen 22
Belgodère 60
Berge 6, 10
Bergsteigen 25, 73
Bevölkerung 10
Bier 17, 39
Bocca a Stazzona 75
Bocca di Velaco 110
Bocca di Vezzu 46
Bodri 56
Bonaparte, Carlo 12, 89
Bonaparte, Napoleon 12, 54, 88, 89
Bonifacio 7, **101**
– Bastion de L'Etendard 103
– Cimetière marin 103
– Circuit pédestre des Falaises 105
– Col Saint-Roch 105
– Escalier du Roi d'Aragon 103
– Grain de Sable 106
– Jardin des Vestiges 103
– Palazzo Publico 103
– Porte de Gènes 103
– Sainte-Marie-Majeure 103
Bootsausflüge 23, 39, 64, 68, 96, 107
Brocciu 16
Busse 27

Cala Rossa 104
Calacuccia 73
Calanche 66
Calenzana 60
Calvi 6, **57**
– Geburtshaus von Christoph Kolumbus 62
– Gouverneurspalast 62
– La Marine 63
– Oratoire de Saint-Antoine 62
– Saint-Jean-Baptiste 62
– Tour du Sel 63
– Zitadelle 62
Camping 15
Campomoro 95
Canyoning 23, 44, 72, 87, 111
Cap Corse 6, **30**, 32
Capu di a Veta 65
Capu di Roccapina 101
Capu Rossu 70
Capu Tafunatu 75, 76
Capula 101
Cargèse 69
Casamaccioli 77
Cascade de Radule 76
Cascades des Anglais 87
Casinca 6, 49
Casta 45
Castagna 68
Castagniccia 6, 11, **53**
Castellare-di-Casinca 50
Cateri 60
Cauria 97
Centuri 31, 33
Cervione 48, 53
Cesari, Jean 97
Chiuni 69
Circuit pédestre des Falaises 105
Cirque de Bonifatu 65
Col de Bavella 109
Col de la Croix 68
Col de Listincone 69
Col de Sainte-Lucie 30
Col de Salvi 60
Col de San Bastiano 69
Col de Teghime 41

Register

Col de Vergio 7, 68, 70, 73, 76
Col de Vizzavona 84
Consultas 12, 54
Corbara 59
Corniche de la Balagne 60
Corniche de la Castagniccia 48
Corso, Sampiero 12
Corte 7, **78**
– Belvédère 78
– Musée de la Corse 81
– Palais National 78
– Place Gaffori 78
– Place Paoli 78
– Zitadelle 78, 80
Costa Serena 48
Costa Verde 48
Cucuruzzu 101

D'Istria, Vincentello 80
Da Mare a Mare 25
Da Paese a Paese 25
Dame von Bonifacio 12, 101
Daten 10
Désert des Agriates 6, **45**
Deux Ponts d'Ota 70
Diplomatische Vertretungen 22
Dolmen 12, 74, 97
Dolmen de Fontanaccia 99
Drachenfliegen 23

Eiffel, Gustave 84, 86
Einreisebestimmungen 18
Eisenbahn 27
Emigration 13
Essen 16
Etang de Biguglia 39
Events 19
Evisa **68**, 70

Fährverbindungen 18
Fakten 10
Fautea 104
Favone 104
Feiertage 18
Feliceto 60
Feriendörfer 15
Ferienhäuser 15
Ferienhotels 15

Fernwanderwege 25, 46, 71
Fesch, Kardinal 91
Feste 19
Ficajola 67, 68
Filitosa 97
Fischadler 11, 68
Fläche 10
Flora 8
Flüge 18
Flughäfen 18
Forêt d'Aitone 68
Forêt de Bonifatu 65
Forêt de Carrozzica 73
Forêt de l'Ospédale 108
Fort Pasciola 84
Fozzano 100
Französische Revolution 12
Freeclimbing 24
Fremdenverkehrsämter 20

Gaffori, Gianpetro 12
Geld 19
Genueser 12, 32, 45, 53, 57, 70, 80, 100, 103
Geschichte 12
Gesundheit 20
Getränke 17
Girolata 68
Gleitschirmfliegen 44, 64
Golf 24
Golfe de la Liscia 69
Golfe de Lava 69
Golfe de Porto 65
Golfe de Sagone 6, **69**
Golfu Alisu 31
Golo 48, 72, 73, 76
Golo-Tal 7, **73**, 76
Gorges de l'Asco 73
Gorges de Spelunca 70
GR 20 25, 60, 73, 76, 86, 87, 110
Gregorovius, Ferdinand 49, 50
Grosjean, Roger 98
Guagno 69

Haut-Asco 73
Honig 73
Hotels 14

Ile de la Giraglia 33
Ile de la Pietra 56

Ile Saint-Antoine 106
Iles Cerbicale 11
Iles Finocchiarola 11, 33
Iles Lavezzi 11, 107
Iles Sanguinaires 95
Informationsquellen 20
Internet 26
Internetcafés 27

Jetski 24

Kajak 24, 39, 44, 72
Kanu 24
Kap Pertusato 105
Käse 16
Kastanien 16, 53, 55
Kinder 20
Klettern 24, 72
Klima 21
Kolumbus, Christoph 62
Königsadler 73, 83
Konsulate 18
Korallenmöwe 11, 33
Korsische Eisenbahn 84, **85**
Korsische Küche 16
Korsische Produkte 11, 55, 73, 84
Korsische Unabhängigkeit 53
Krähenscharbe 11
Krankenhäuser 20

L'Ile-Rousse 6, **56**
L'Ospédale 108
La Canonica 40
La Capandula 33
La Foce 86, 87
La Mariana 40
La Scandola 68
Lac de Capitellu 84
Lac de Creno 69
Lac de Melo 84
Lac de Nino 75
Lage 10
Lama 57
Lana Corsa 72
Landflucht 9
Lavasina 30
Levie 101
Lomellini, Leonello 35
Loreto-di-Casinca 50
Lozari 56

117

Register

Lumio 65
Lunghinano 60
Luri 30

Macchia 8, 45
Macinaggio 31, 32
Marine de Farinole 42
Marine de Pietracorbara 30
Marine de Sant'Ambroggio 64
Maupassant, Guy de 66
Megalithkultur 12, 74, 97
Menhire 12, 74, 97
Mérimée, Prosper 75, 96, 100
Mietwagen 27
Mineralwasser 17, 54, 60
Mitterrand, François 13
Mont Sant'Angelo 50
Monte Cinto 6, 72, 73, 74, 77
Monte d'Oro 6, 87
Monte Grosso 59, 60
Monte Padru 59
Monte Renoso 87
Monte Rotondo 6, 69, 83
Monte San Petrone 6, 54
Monte Stello 6, 30
Montemaggiore 60
Moriani-Plage 48
Morosaglia 54
Morta Majo 42
Motorrad 27
Mountainbiking 24, 72, 87
Mufflon 11, 73, 110
Murato 40
Musée de la Corse 81
Musée de la Préhistoire Corse 100
Musée Fesch 88
Musée régionale de l'Anthropologie 81

Napoleon I., *siehe* Bonaparte, Napoleon
Napoleon III. 90
Naturschutzgebiete 11
Nebbio 40
Neuhoff, Baron Theodor von 53
Niolu 74
Niolu-Becken 76

Nonza 30
Notfälle 22
Notre Dame de la Serra 65
Notrufnummern 22

Occi 65
Öffnungszeiten 21
Olmeto 96
Orezza 54
Orto 69
Osani 68
Ostriconi 46
Ota 67, 70

Paghjella 8
Paglia Orba 74, 76
Paoli, Pasquale 12, 54, 56, 72, 78
Paragliding 23
Parc Naturel Régional de Corse 11
Parc Vizzavona Aventure 87
Partinello 68
Patrimonio **41**, 42
Penta-di-Casinca 50
Pertusato, Leuchtturm 106
Piana 67
Pianella-Brücke 71
Piedicroce 54
Pigna 58
Pinarello 104
Pisaner 12
Piscia di Gallu 108
Plage d'Agosta 94
Plage d'Arone 68
Plage de Bussaglia 68
Plage de Campitellu 95
Plage de Capu Laurosu 95
Plage de Caspiu 68
Plage de Gratelle 68
Plage de l'Ariadne 94
Plage de la Roya 40
Plage de Liamone 69
Plage de Loto 44, 46
Plage de Ménasina 69
Plage de Palombaggia 104
Plage de Pero 69
Plage de Portigliolo 95
Plage de Ruppione 94
Plage de Saleccia 44, 46
Plage de San Cipriano 104
Plage de Santa Giulia 108

Plage de Stagnoli 69
Plage de Tenutella 95
Plage de Tuara 68
Plage de Vignola 94
Plage du Corsaire 95
Plage du Lido 95
Plage du Mancinu 95
Plaine orientale 6, **48**
Plateau von Cauria 98
Poggio d'Oletta 41
Pointe d'Agnello 33
Pointe de la Parata 95
Pointe de Spereno 106
Polischellu 111
Pont de Zaglia 71
Pont du Vecchiu 86
Ponte Novu 54, 72, 89
Ponte-Leccia 72
Porticcio 94
Porto 6, 65
Porto Pollo 95
Porto-Vecchio 6, 7, **104**
Pozzo 30
prähistorische Stätten 7, 97, 101
Preise 14, 16
Propriano 6, **95**
Prunete 48
Punta Artica 74
Punta di a Chiappa 104
Punta di a Vacca 110

Rabatte 14
Radfahren 24, 96, 101
Rafting 72
Rappaggio 54
Rauchen 22
Regino-Tal 59
Regionalpark 11
Reisezeit 21
Reiten 24, 44
Restaurants 16, 21
Restonica-Tal 7, **83**
Rocher du Lion 101
Rogliano 32

Sagone 69
Saint-Florent 6, **40**
Sainte-Lucie-de-Tallano 101
Saison 14
San Michele de Murato 39
Sant'Antonino 59

Register

Santa Maria Assunta 40
Santa Severa 30
Sartène 96
Scala di Santa Regina 73
Schildkröten 72
Schnorcheln 25, 108
Sebald, Winfried G. 67
Seeadler 68
Segeln 24
Sentier des douaniers 32
Sentier des Muletiers 67
Serra di Pigno 39
Serra-di-Scopamène 101
Serriera 68
Sicherheit 22
Soccia 69
Sorbollano 101
Sovezzia 74
Spasimata 65
Speloncato 57
Spezialitäten 11, 51, 114
Sport 23
Städte 10
Strände siehe auch Plage 6, 23, 30, 40, 46, 56, 64, 67, 68, 69, 94, 95, 104
Straßen 7, 27
Surfen 25

Tafoni 66
Tauchen 25, 44, 56, 64, 96
Tavignano-Tal 7, **83**
Telefon 26
Terrorismus 13
Tête du Chien 66
Theodor I. 54
Tiuccia 69
Tizzano 99
Tollare 31
Torreaner 98
Tour d'Ancone 69
Tour de Sénèque 30
Tour di Santa Maria 33
Touren 24
Tra Mare e Monti 25, 71
Tramway de Balagne 27, 57, 65
Trinken 16
Trou de la Bombe 109

Ucelluline, Wasserfall 48
Umwelt 26
Unterkünfte 14

Valdu-Niellu 73, 75
Valle d'Alesani 54
Venaco **84**, 86

Venzolasca 50
Verkehr 7
Verkehrsmittel 27
Verkehrsregeln 27
Verwaltung 10
Vescovato 49
Vico 69
Village des Tortues 72
Vivario **84**, 86
Vizzavona 85, 86
Vorwahlen 26

Waldbrände 9
Wandern 25, 55, 65, 67, 68, 69, 70, 73, 74, 83, 86, 87, 105, 108, 109
Wasser 8
Wasserversorgung 9
Wein 17, 34, 41
Wellness 26
Wildwasserfahrten 24

Zelten 15
Zilia 60
Zoll 18
Zöllnerpfad 32
Zonza 108, 109
Zoza 101

Das Klima im Blick — atmosfair

Reisen bereichert und verbindet Menschen und Kulturen. Wer reist, erzeugt auch CO_2. Der Flugverkehr trägt mit einem Anteil von bis zu 10 % zur globalen Erwärmung bei. Wer das Klima schützen will, sollte sich für eine schonendere Reiseform (z. B. die Bahn) entscheiden – oder die Projekte von *atmosfair* unterstützen. *Atmosfair* ist eine gemeinnützige Klimaschutzorganisation. Die Idee: Flugpassagiere spenden einen kilometerabhängigen Beitrag für die von ihnen verursachten Emissionen und finanzieren damit Projekte in Entwicklungsländern, die dort den Ausstoß von Klimagasen verringern helfen. Dazu berechnet man mit dem Emissionsrechner auf *www.atmosfair.de,* wie viel CO_2 der Flug produziert und was es kostet, eine vergleichbare Menge Klimagase einzusparen (z. B. Berlin – London – Berlin 13 €). *Atmosfair* garantiert die sorgfältige Verwendung Ihres Beitrags. Klar – auch der DuMont Reiseverlag fliegt mit *atmosfair!*

Autoren | Abbildungsnachweis | Impressum

Unterwegs mit Alo und Nikolaus Miller

Alo Miller unterrichtet Deutsch, Geschichte und Sozialkunde an einer Münchner Schule für Hörgeschädigte. Dr. Nikolaus Miller ist Deutsch- und Französischlehrer an einem Augsburger Gymnasium. Beide waren als Austauschlehrer im französischen Überseedepartement Réunion (Indischer Ozean) tätig und bereisen regelmäßig verschiedene Regionen Frankreichs. Sie kennen Korsika seit vielen Jahren und haben im DuMont Reiseverlag den Führer »Wandern auf Korsika« publiziert. Ihr Sohn Jakob ist auf den Rerchercheisen mit von der Partie. Seine Lieblingsfächer: Geografie und Geschichte.

Besonderer Dank der Autoren gilt Frau Karen Nölle für inspirierende Hinweise und nützliche Informationen.

Abbildungsnachweis

Bildagentur Huber, Garmisch-Partenkirchen: S. 7 (Huber); Titelbild, 8/9, 38, 64 (Kaos02); 82/83 (Mirau); 28/29 (Simeone); 45 (Spila); 58, Umschlagrückseite (Stadler)
DuMont Bildarchiv, Ostfildern: Umschlagklappe vorn, S. 13, 17, 23, 53, 70, 74, 76, 80 (Widmann)
laif, Köln: S. 4/5 (Boisvieux); 90 (Casa); 52 (Express-Rea/Dudoit); 14, 66, 97 (hemis.fr); 25, 31, 32, 101 (hemis.fr/Moirenc); 89 (Le Figaro Magazine/Frances); 109 (Raach)
look, München: S. 105 (age fotostock); 41 (Widmann)
A. und N. Miller, München: S. 120
Picture-Alliance, Frankfurt: S. 49, 85 (Hackenberg)

Kartografie

DuMont Reisekartografie, Fürstenfeldbruck
© DuMont Reiseverlag, Ostfildern

Umschlagfotos

Titelbild: Blick von der Pointe de la Parata auf die Iles Sanguinaires
Umschlagklappe vorn: Bonifacio

Hinweis: Autoren und Verlag haben alle Informationen mit größtmöglicher Sorgfalt geprüft. Gleichwohl sind Fehler nicht vollständig auszuschließen. Alle Angaben erfolgen ohne Gewähr. Bitte schreiben Sie uns! Über Ihre Rückmeldung zum Buch und Verbesserungsvorschläge freuen sich Autoren und Verlag:
DuMont Reiseverlag, Postfach 3151, 73751 Ostfildern,
info@dumontreise.de, www.dumontreise.de

1. Auflage 2011
© DuMont Reiseverlag, Ostfildern
Alle Rechte vorbehalten
Redaktion/Lektorat: Thomas Rach
Grafisches Konzept: Groschwitz/Blachnierek, Hamburg
Printed in Germany